드 라 마
만 드 는
사　　람

드 라 마
만 드 는
사 람

ACTION!

찾고,
조율하고,
완성하는
기획 PD의
세계

송진선
지음

RHK
알에이치코리아

기획하는 프로듀서는 '기술'보다 '창작'에 가까운 일을 하는 사람이다. 집중할 수 있는 본업이 있다는 것은 행복한 일이지만, 일에 몰입할수록 예민해져서 단순히 성취감을 느끼고 만족하며 행복을 누리는 삶과는 멀어질 확률이 높다.

창작 과정을 깊이 들여다보는 지난한 시간을 보내면서 어떻게 해도 부족해 보이는 결과물에 대한 자기 검열, 다음 작품을 좀 더 낫게 만들고 싶다는 분주한 욕망과 이 정도면 꽤 괜찮지 않냐는 타협 사이에서의 갈등… 이리저리 가지를 뻗는 생각이 멈추지 않기 때문이다. 같은 일을 하는 모두가 이런 것은 아니겠지만.

디즈니 플러스의 오리지널 〈커넥트〉라는 작품이 릴리즈되던 날도 그랬다. 2022년 12월 8일 오후 1시. 촬영을 앞둔 작품의 일본 배우 오디션을 위해 시부야의 히까리에 빌딩으로 향하고 있었다. 거리 풍경이나 주변 상점들을 두리번거릴 새도 없이 내 신경은 온통 핸드폰 속 여러 사이트를 돌아다니고 있었다. 전날 스트리밍을 시작한 드라마에 대한 반응을 읽으며 담당 피디와 제작자와의 톡을 이어갔다. 일본에 도착하자마자 몇 시간에 걸친 일본 작가와의 대본 회의에 이어 제작회의를 하면서도 마찬가지였다.

평가받는 일에는 초연해질 수 없다. 쉬지 못해 입이 부르트고, 피곤해서 계속 목이 말랐는데도 물 한 모금 삼키지 못하는 예민한 상태가 계속되고 있었다. 기획과 제작까지 3년. 무형의 에너지를 쏟아부었는데도 모든 일이 밑 빠진 독에 물 붓기는 아니었을지 돌아보는 순간이었다. 작품의 장단점에 대해 타인의 이야기를 겸허히 듣는 시간이기도 했다. 좋은 소리는 달게 받으면서도 쓴소리들에 대해서는 떠들고 싶은 변명

거리가 수두룩했지만 마음에만 남겨두어야 하는 것들이 더 많았다.

아쉬움의 크기는 열심을 낸 시간에 비례한다. 프로덕션 과정 중 끝내 피하지 못했던 문제들이나 발만 동동 구르며 나만 알고 싶었던 부족한 점들이, 즐거움을 좇는 시선 속에서는 냉정히 평가되고, 버려지고, 잊히고, 기억된다. 당연하다. 부족함을 감싸주고 두둔을 받을 만큼 온전치 못했거나 사랑스럽지 않았기 때문이다.

잘 만든 작품 하나는 인생을 바꾸기도 하고, 이런저런 의미가 부여되면서 시간이 지날수록 존경과 가치를 인정받기도 한다. 반면 한순간에 무가치하게 사라지는 작품도 많다. 노력을 덜 해서라기보다는 부족해서다. 닿지 못해서이고, 노련하지 못해서다.

경력자와의 작업이라고 해서 이런 결과를 피할 수 있는 것도 아니고, 불완전한 제작 환경에 있거나 경험이 부족한 사람들끼리 모였다고 해서 반드시 일어나는 일도 아니다. 모두가 잘 될 거라고 확신한 것들이 관심을 전혀 받지 못하기도 하고, 유치하다고 말도 안 된다고 내팽개쳤던 것들이 때론 생명

드라마 만드는 사람

력을 가지고 대중에게 큰 영향을 주기도 한다. 경력이 쌓이면 쌓일수록 정답을 찾는 데 능숙해지기는커녕 그저 최선을 다하는 것만이 유일한 정답이란 것을 배우게 된다.

기획할 이야기를 정하고, 함께할 사람과 만나고, 대본을 개발하고, 캐스팅하고, 제작에 이르기까지. 작품의 수익을 비롯한 완성된 작품에 대한 평가를 듣는 데까지. 그리고 그 작품을 여러 모양으로 기억하는 사람들과의 우연한 대화가 이어지기까지 프로듀서의 책임은 계속된다.

나는 작품의 시작점이 될 수도 있고 전체 판을 짜기도 하지만, 원천적으로 창작하고 표현하고 완성하는 사람이 아닌, 완성도를 위해 뒤에서 버텨주어야 하는 역할을 주로 해왔다. 그래서 완성물을 보고 즐기는 자들의 반응과 평가가 있기 전에는, 나의 일은 그저 가능성과 기대와 희망이 응집된 에너지에 불과할 때가 많다. 기획과 작품 및 함께하는 창작자에 대해 확신을 갖지 못하는 사람들을 상대하며 설득해 가는 무형의 에너지. 물론 그 에너지가 작품을 시작할 원동력이 되기도 하지만, 작품을 시작할 기회를 얻지 못하면 그동안 애썼던 노력이 아무도 모르는 새 물거품이 된다.

작품을 끝낸 후에는 작품에 대한 각자의 소회를 가지고 다른 작품을 찾아 바삐 흩어지는 사람들을 뒤로한 채, 홀로 작품에 대한 아쉬움을 되짚어보기도 한다. 기획이란 씨앗 하나를 들고 시작해 온갖 감정들을 경험하며 거쳐온 애증을 지워내는 시간인 셈이다.

프로듀서의 일은 누구 하나가 잘해서 이뤄낼 수 있는 것이 아니다. 모든 것이 완벽해야만 시작할 수 있는 것도 아니다. 이야기가 가진 가능성을 믿고, 기회를 얻게 되면 과정 속에서 조금씩 완성에 다가간다. 확신이 드는 순간들도 있지만, 대부분은 경험과 생각들을 의심하고 되묻는 걸음을 이어가야 한다. 수많은 다툼과 설득의 과정을 지나 '모든 에너지가 잘 버무려지고', '운 좋게' 잘 받아들여지면 감사한, 풍전등화의 순간들을 헤쳐온 각자의 최선이 완성도에 온전히 기여되기를 바라는 일이다. 누가 시켜서는 절대 할 수 없는 스스로 선택한 호되고 힘든 업.

그러고 보면 이 일은 '덕후' 감성이 풍부해야만 가능하다. 연애 감정과 비슷하지만 쌍방이 아닌 일방적인, 끝없이 설레지만 상응하는 보상이 늘 따르는 것은 아닌, 함께 만들 결과물에 대한 기대감만으로 자기희생을 즐거이 감수하는 일. 미치지 않고서야, 심히 애정으로 하지 않고서야, 할 수 없는 일.

번잡한 시부야 거리를 걸으며 〈커넥트〉라는 작품을 기획하려 결심했던 첫 순간부터 내가 해왔던 일과 일어났던 일들을 차분히 복기해 보았다. 그러다 생각은 근원적인 질문으로 이어졌다. 이 작품으로 무얼 보여주고 싶었던 걸까. 무엇을 했었나. 꿈꾸고 계획했던 것은 애초에 품지 말아야 했던 것이었나. 부족함이 없도록 하기 위해선 어떤 판단들이 더 필요했었나. 품고 가야 했던 문제들의 싹을 처음부터 완전히 잘라버렸다면 좋았을까. 그랬다면 세상에 이 작품이 나올 수 있었을까. 차라리 나오지 말았어야 했나. 그 작품 속에 있었던 난 누구인가. 난 무엇을 보고 있었고 지금은 무엇을 보고 있나. 이제는 어디로 향해 가야 할까. 다시 재미난 무언가를 찾아낼 수 있을까. 끝없이 이어지는 자조적인 질문들에 무거운 마음으로 오디션장에 들어섰다.

한국 원작 기획으로 시작된 프로젝트를 위해 일본 배우를 맞이하는 자리였는데, 꽤 긴장되었다. 오디션장에 들어서는 배우 한 명 한 명에 집중했다. 그러다 작품 캐릭터에 꼭 맞는 신인 배우 한 명을 발견하고서야 고민들이 잠시 잊혔다. 큰 체구도 아닌 평범한 차림의 배우였는데 들어선 순간부터 연기를 마친 후 빙긋 웃는 모습까지 내가 원하던 캐릭터에 꼭 부합한다는 강렬한 느낌을 받았다.

미이케 감독을 쳐다보았다. 나와 눈이 마주쳤을 때 싱긋 웃는 것을 보니 아마 감독도 나와 같은 생각을 하는 모양이었다. 이 순간부터는 비판 어린 객관성을 유지하던 시선이 작품과 등장인물들에 무한 애정을 갖게 되는 주관적 시선으로 바뀐다. 작품 속으로 깊게 빠져들게 되는 것이다.

오디션에서 새로운 가능성을 발견하고 좋아했던 것도 잠시, 한참 늦어진 저녁 식사 시간에는 일본 드라마와 영화 제작 과정의 어려움에 대한 이야기를 나누었다. 작품을 매개로 한국에 뿌리를 둔 프로듀서의 고민 영역이 넓어지고 있었다. 내 분수에 맞는 일인가. 내가 해결할 수 있는 일인가.

곧 고민의 방향을 틀었다. 잘 만든 좋은 작품은 그 무엇보다 강력한 설득력이 있고, 큰 변화를 끌어낼 수 있다. 그렇기에 함께 준비하는 작품을 어떻게 하면 잘 만들 수 있을지 고민하는 것이 나았다. 그것만이 내가 할 수 있는 일이었으니까.

이어지는 제작회의와 해외 플랫폼들과의 미팅으로 바쁜 출장 일정을 마치고 한국으로 돌아오는 비행기 안. 프로듀서에 대한 글을 써보라고 제안받은 것이 떠올랐다. 수년간 기획 중심의 일을 해오면서 개인의 커리어도 이 업계도 극적으로 변화해 왔다. 내가 그 모든 일들을 이해하고 정의할 만큼 대단한 지식을 가지고 있는 것은 아니지만, '크리에이터'로 살아남기 위해 발버둥 쳤던, 치열하다 못해 애잔한 시간에 대해 진솔하게 이야기해 보고 싶었다.

꿈을 향해 달려가고 있는 누군가에게, 무형의 노력을 퍼붓지만 내 것이 되지 못하는 결과들에 지쳐 포기하고 싶은 누군가에게, 수많은 실패와 좌절에 위로와 격려가 간절한 누군가에게, 프로듀서란 일에 호기심을 갖고 무료한 일상을 잠시 벗어나고 싶은 누군가에게, 지극히 개인적이고도 웃픈 나의 경험들이 작은 응원과 즐거움이 되기를 바란다.

2 : 기획이 시작되는 루틴

3 : 작품을 완성하는 것들

4 : 실패를 맞이하는 자세

5 : 기획자의 세계가 넓어질 때

6 : 다시, 이야기 속으로

1

이야기를 만드는 사람

좋은 콘텐츠는 뭘까

좋은 콘텐츠는 우리 일상에, 감정에, 삶의 연속성에 어떻게든 영향을 미친다. 몰입을 끌어낸 콘텐츠는 우리 삶에 다양한 모양으로 스며드는데, 단순한 관심사나 취미를 넘어서 하나의 생활방식으로 자리 잡기도 하고, 행복한 일탈을 즐기게 해주는 놀이문화가 되기도 한다.

단순한 자극만 준 게 아니라 감정과 정서에 호소한 작품이라면, 시간이 지나도 몰입했던 그 경험의 기억은 오래 기억된다. 어떤 작품이 오랫동안 읽히고 명작이 되는 이유도, 결국 사람의 감정에 이러한 역할을 해냈기 때문이 아닐까?

누구나 몰입할 수 있는 상황과 대상을 늘 찾는다. 회사에서는 일의 완성도를 높이기 위해 집중하고, 사랑에 빠지면 상대의 마음을 열심히 헤아린다. 무언가에 매료되면 열렬히 수집하고, 어떤 문장이나 누군가의 말 또는 콘텐츠를 보다가 어느 순간에 퍼지는 감정의 파장을 느낀다. 때로는 일상에서 벌어진 사소한 해프닝이나 상황을 들여다보며 그 속에서 이치를 깨닫게 되기도 한다. 그 모든 것이 몰입의 순간이다.

그런 의미에서 좋은 콘텐츠는 몰입하게 하고, 감정의 파장을 만들어내고, 공감케 하는 것이라고 생각한다. 그것을 만든 사람이나 즐기는 사람이나 평가하는 사람이나 몰입할 만한 무언가를 매개로 소통하며, 그 시간이 꽤 괜찮았음을 느끼게 해주는 것이 중요하다. 시종일관 시시껄렁하게 수다를 떨든, 감정의 카타르시스를 느끼든, 어떤 식으로든 몰입의 즐거움을 더하는 것이 좋은 콘텐츠의 기본이라고 생각한다.

최근 가장 몰입했던 콘텐츠 중 하나는 넷플릭스 시리즈 〈베이비 레인디어〉*였다. 스토커 피해자이자 제작자 본인의 실제 경험을 바탕으로 한 이 작품은, 피해자와 가해자의 경계

너머에 존재하는 죄책감, 고립감, 그리고 사회적 구조의 침묵을 집요하게 그린다. 이 작품은 단지 '실화 기반'이라고 해서, '극적 사건'이라고 해서 이야기의 진정성을 느낄 수 있는 건 아니라는 걸 보여준다. 창작자가 고통을 감수하더라도 자신의 가장 취약한 경험을 드러내고, 그것을 하나의 이야기 구조로 견고하게 설계했기에 비로소 몰입할 수 있었고, 진정성을 느낄 수 있었다.

〈진격의 거인〉**은 감탄을 넘어 경외심을 자아낸 작품이었다. 단순히 장대한 세계관 때문이 아니다. 이 작품은 초반부의 거인 등장과 액션, 중반부의 음모와 배신, 후반부의 윤리적 전환이라는 세 개의 큰 축을 통해 이야기의 성격 자체를 몇 번이나 바꿔가며, '완전히 다른 이야기'처럼 보이도록 전개된다. 그럼에도 중심을 잃지 않는데, 캐릭터의 감정선과 질문이 일관되게 관통하고 있기 때문이다.

- 되는 일이라곤 없던 코미디언이 심리적으로 취약한 여성에게 친절을 베풀며 벌어지는 심리 스릴러 드라마다.
- ** 이사야마 하지메諫山創의 일본 만화로, 100년 전 거인의 등장으로 멸종 위기에 처한 인류가 50m 높이의 성벽 안에서 살아가는 이야기다. 복수와 인류의 생존을 다루며 수작으로 인정받는 슈퍼 IP다.

이야기는 처음엔 외부의 적에 맞서는 서바이벌 액션처럼 시작되지만, 뒤로 갈수록 '나는 누구인가', '무엇을 지키기 위해 거인이 되어야 하는가', '민족과 생존, 자유와 복종 중 무엇을 선택할 것인가'라는 정치적이고 철학적인 질문으로 깊어진다. 특히 주인공 에렌은 성장형 캐릭터가 아니라, '변질형 캐릭터'이다. 그는 성장하는 것이 아니라, 믿음이 무너지고 스스로 괴물이 되어가는 길을 선택함으로써 인간 존재의 모순과 폭력을 대변한다.

스토리의 전개는 거침이 없고, 예상과 다르게 흘러가는 것을 넘어, 예측을 철저히 배반하면서도 그 반전이 논리적으로 설계되어 있다는 점에서 탁월했다. 반전을 위한 반전이 아니라, 초반부터 촘촘히 뿌려진 단서들이 종국에는 모든 인물과 설정을 하나의 감정적 지점으로 수렴시킨다. 연출 또한 인물의 내면을 밀도 높게 따라간다. 전투 장면이나 큰 스케일에 가려질 수 있는 인물의 감정선을 프레이밍과 리듬으로 정확히 포착하고, 침묵하는 장면에서조차 감정적 긴장을 놓치지 않는다.

의외로 즐겁게 본 작품은 〈케이팝 데몬 헌터스〉*였다. 전통

설화, 아이돌, 액션 판타지를 절묘하게 섞은 이 프로젝트는, 진지한 철학보다 '즐기는 감각'이 중심에 있었기에 더 진심으로 느껴졌다. 기획자로서 '진지함'이라는 덫에 빠질 때가 많은데, 이 작품을 보면서는 내가 처음 이야기를 좋아하게 된 이유를 다시 떠올렸다. '그냥 재밌어서'라는.

몰입의 경험은 콘텐츠를 넘어서, 내가 바라보는 '기획의 기준' 자체를 바꿔놓기도 한다.

〈여신강림〉**을 맡았을 때, 나는 '클리셰의 무게'를 처음부터 감지하고 있었다. 이미 많은 사랑을 받은 원작 웹툰이 있고, 설정만 보자면 익숙한 삼각관계와 외모 콤플렉스, 학원 로맨스, 뻔하다고 느낄 만한 요소들이 다분했다. 그 이야기 속에서 우리가 꺼내야 했던 것은 '유쾌한 감정의 리듬'이었다.

웹툰과 싱크로율 높은 캐스팅은 캐릭터를 현실로 옮기는

- 세계적인 케이팝 걸그룹이 무대 뒤에서는 악령을 사냥하며 세상을 지키는 판타지 액션 애니메이션이다. 넷플릭스 오리지널 작품으로 전 세계적인 열풍을 불러일으키고 있다.
- •• 외모 콤플렉스를 가진 주인공이 화장을 통해 여신이 되고, 남모를 상처를 간직한 소년을 만나 서로의 비밀을 공유하며 성장하는 로맨틱 코미디 드라마로, 동명의 웹툰이 원작이다.

데 강력한 힘이 되었고, 그걸 바탕으로 웃음과 설렘, 위로가 오가는 감정선을 정교하게 엮어내는 데 주력했다. 그 결과, '잘 만든 클리셰'가 사람들의 로맨스 판타지를 얼마나 자극하고 몰입하게 만들 수 있는지를 알 수 있었다. 누구나 한 번쯤 꿈꿔본 감정의 흐름이 '화면 속'에서 실현되는 순간, 시청자들은 진심으로 함께 웃고 울었다.

좋은 콘텐츠는 이야기를 통해 감정의 회로를 연다. 그 회로는 말로 설명하지 못하는 것들까지 언어화해서 우리의 기억을 흔들고, 생각을 자극하며, 웃게 하고, 울게 하고, 안아주고, 과거를 돌아보게 하고, 누군가의 인생과 나의 삶을 조용히 연결하며 타인을 이해하게 만든다.

이런 몰입의 즐거움을 누구보다 잘 아는 이들이 이른바 '덕후'가 아닐까. 이들은 단순히 좋아하는 것을 넘어서, 스스로 세계를 탐험하고 분석하고 수집하며 즐긴다. 애정 어린 덕후들이 모이면 콘텐츠는 더 풍성해지고, 그것을 누리는 그들의 삶 역시 더 다채로워진다. 어떤 이들은 콘텐츠에 몰입하며 관계를 맺고, 커리어를 만들고, 자기만의 세계를 구축해 나간다.

내가 가보지 못한 곳, 알지 못했던 세계에 깊이 빠져 있는 덕후들이 내 주변에 많았으면 좋겠다. 제대로 즐겨본 사람이 제대로 만들어내는 법이니까. 그건 어느 분야든 예외가 없다. 한때는 나도 그저 콘텐츠를 순수하게 즐기는 사람이었다. 하지만 일이 되고부터는 콘텐츠를 '작업'으로 바라보게 되는 순간들이 많아졌다. 즐기기보다는 분석하게 되고, 판단하게 되었다.

그럼에도 불구하고, 여전히 나를 몰입하게 만드는 콘텐츠들이 있다. 잊고 있던 정서를 낯선 감각으로 되살려주는 작품, 내가 감추고 있던 감정을 들킨 듯한 순간을 안겨주는 이야기들. 그럴 땐 잠시 일을 잊고, 그저 한 사람의 관객으로서 울고 웃으며 위로받는다. 그리고 그 감정들이 내가 다시 이야기를 시작하게 만든다.

'기획 프로듀서'라는 이름으로

기획 프로듀서는 사무실 밖보다 작업실 안에서 많은 시간을 보낸다. 원작을 찾기 위해 다양한 장르와 주제의 책, 프린트된 대본들을 가방에 욱여넣고, 아침, 점심, 저녁 매번 다른 사람들과 여러 주제로 파생되는 회의를 하고, 날 것의 대본 초고를 가장 먼저 보고 피드백하고… 종일 머릿속을 비우지 못한 채 살다 보니 엉뚱하다는 말도 듣는다.

'기획 프로듀서'라는 직함을 처음 사용했던 당시에는, 그 역할이 생소한 탓에 인정받지 못하는 일이 부지기수였다. 연출과 헷갈리기는 사람도 있고(여전히 그렇다), 촬영 현장에 참여하지 않으면 프로젝트의 주요 인물로 여겨지지 않는 경우도 많아서 크레딧에 '기획 프로듀서 ○○○'으로 이름 올리는 걸 반대하는 사람도 많았다.

누구에겐 구성이나 스토리 작가 정도로, 누구에겐 작품 전체의 방향을 결정하는 책임자로 여겨지지만, 기획 프로듀서는 작품의 처음과 마지막을 책임지는 사람이다. 기획 프로듀서가 참여해서 완성된 대본으로 주요 스태프들과 논의하는 걸 자연스럽게 받아들이게 된 지는 그리 오래되지 않았다.

그래서 포털 사이트에서 내 이름을 검색해 참여한 작품 목록을 보면, '기획 프로듀서'라는 독립적인 직업군이 들어갈 자리가 없다는 이유로 누락된 작품도 있다. 본 방송에서는 크레딧을 확인할 수 있지만 말이다. 공동 연출이나 제작 프로듀서의 경우 현장에서 몇 회차 촬영에 참여한 것만으로도 크레딧에 오르는 게 당연하게 여겨지는 반면, 기획 프로듀서는 몇 회 분을 몇 달 내리 작업했어도 업무의 고유성을 인정받지 못해 배제되기도 한다.

지상파 방송국이 제일이던 시절에는 방송국 프로듀서의 영향력이 막강했다. 그가 연출자이자 기획자였고, 편성권까지 가지고 있었으니까. 내가 경력직 기획 프로듀서로 방송국에 입사했을 때 텃세가 만만찮아, 실력으로 인정받기 위해 잠을 설치며 밤낮 일만 했던 것도 그 때문이었다.

방송국이나 영화계에서 기획자를 필요로 하게 된 건, 연출자나 작가 개인의 감성과 경험에만 의존한 창작 방식이(능력과 노력 여하에 따라 다르더라도) 결국 비슷한 캐릭터, 정서 톤, 플롯 구조의 반복이라는 한계에 부딪히기 때문이다. 다시 말해, 성공 공식을 재활용하게 되는 구조라면, 리스크를 감수하고 새로운 장르나 타깃에 도전하기보다 익숙한 노선을 고수하게 된다.

동시에, 방송 콘텐츠의 유통 방식이 급격히 변화했다. OTT 플랫폼의 부상, 글로벌 동시 공개, 장르의 다양화, 시즌제 드라마의 확대 등은, 하나의 콘텐츠가 여러 시장과 문법을 넘나들 수 있도록 정교하고도 확장 가능성 있는 기획을 요구하고 있다. 이제는 단순히 한 편 잘 만드는 것을 넘어, 장기적 기획 전략, 세계관 구축 및 확장이 가능한 기획자가 절실해졌다.

더구나 작가와 연출의 의견이 항상 일치하지는 않기에, 가장 객관적인 시선을 유지하며 작품에 대한 피드백을 주는 소통이 가능한 상대가 필요했다. 그 상대가 바로 기획 프로듀서의 롤이다.

하나의 아이디어로 기획을 시작해서 2부 또는 4부 대본이 되어 나오는 데에, 짧게는 1년 반에서 3년이 소요된다. 작가가 대본을 쓰고 난 뒤에도 피디, 연출, 제작자, 방송국 등으로부터 여러 의견을 들어야 하고, 때론 배우의 피드백을 듣고 반영해야 하기 때문에 여러 차례 수정 과정이 필요하다. 오리지널 창작이 가진 장점과 재미가 압도적으로 뛰어나지 않는한, 타인도 동일한 재미를 느낄 확률이 높지 않기 때문이다. 검증된 원작으로 기획을 시작하는 경우가 많아진 것도 이런 이유에서다. 과정이 복잡하고 형식적인 절차가 많을수록 창작 에너지가 쉽게 휘발된다. 그래서 시나리오부터 연출까지 온전히 책임지는 크리에이터가 아닌 이상, 일을 적절히 분업해 각자가 잘하는 일에 집중하는 것이 효율적이다. 이러한 흐름 속에서 프로듀서의 역할이 중요해졌다.

프로듀서가 하는 일들을 프리pre-production부터 포스트 프로덕션post-production까지 키워드로 정리하면 이렇다.

1. 기획(오리지널, 원작 찾기) 착수

2. 기획 및 대본 개발

3. 편성 회의

4. 수정 및 프리 프로덕션

5. 프로덕션–포스트 프로덕션

6. 방송

7. 정산

이렇게 보면 굉장히 간결하다. 어디서 어떤 어려운 관문들을 통과할지 예측하기도 어렵다. 주요 절차들을 하나씩 풀어보자.

드라마가 되기까지

원작 찾기

기획 프로듀서의 역할도 재능과 경력에 따라 천차만별이지만, 기획을 위해 원작 소스를 검색하거나 작가를 관리하는 역할로 시작하기도 한다.

하지만 이 역할은 대체될 가능성이 높다. 연령대마다 인기 있는 콘텐츠가 다르고, 한 사람이 읽을 수 있는 양에 한계가 있기 때문이다. 그래서 원작 소스를 찾는 과정은 주요 기획 프로듀서의 일이 아니라 시간과 사람의 양적인 확장으로 대체 가능하다. 실제로 방송국에 있을 때는 원작 검색을 위한 다양한 인력을 따로 뽑아 분기별로 운영한 경험이 있다. 많은 제작사에서 IP 소싱팀을 따로 두고 운용하며 데이터를 구축하는 부서가 생긴 것도 이 때문이다.

원작을 찾는 기획자에게 가장 중요한 것은, 추려진 자료 중에서 좋은 기획 소스이자 훌륭한 영상이 될 '씨앗'을 찾을 수 있는 시선이다. 어떤 원작을 선택할지, 그 원작 안에서 어떤 요소를 주요하게 생각할지를 고민하고 타인을 설득할 수 있을 때부터 기획이라는 창작 영역으로 들어간다. 누군가에게는 뻔한 이야기가 어떤 이의 손에 들어가 각색되고 아이디어가 보태어져서 꽤 훌륭한 작품이 되는 경우가 많은데, 그게 바로 '기획자의 시선'이 중요한 이유다.

창작자와의 소통

작가를 정서적으로 케어하는 것과 창작 환경을 조성하는 것 등 매니징은 모두 '기획'의 중요한 일부다. 창작은 고립된 노동이 아니라 유기적 협업의 산물이며, 그 시작점에 기획 프로듀서가 있다.

특히 인기 웹툰이나 웹소설 등 이른바 '슈퍼 IP'를 영상화할 때는 이 소통이 더 중요시된다. 이미 강력한 팬덤에, 높은 기대치가 있기에 섣부른 2차 창작은 경계하게 된다. 그래서 원작의 세계관을 '변형'하기보다는 있는 그대로 '잘 담아내는 것'이 더 나은 전략일 때가 많다.

하지만 영상화는 곧 창작의 재해석이다. 아무리 원작 중심의 접근이라 해도, 각색자와 연출자로서는 본질적으로 새로운 해석을 담을 수밖에 없다. 그렇기 때문에 기획 프로듀서가 원작자와 2차 창작자(작가, 연출자 등) 모두와 밀도 깊은 대화를 나눠야 한다. 단순히 원작의 줄거리나 설정을 공유하는 것을 넘어서 '창작자가 왜 이 작품을 하고 싶은지', '이야기에서 가장 중요하게 여기는 감정과 질문이 무엇인지'를 파악하는 것이 좋다. 작품의 본질을 정확히 이해하고, 그 본질이 새로운 형식 속에서도 흔들리지 않도록 조율하는 것이 기획 프로듀서의 역할이다.

오리지널 기획의 경우라면 소통은 더욱 섬세해질 필요가 있다. 창작자는 때론 말로 설명하기 어려운 감정이나, 머릿속에만 존재하는 흐릿한 이미지에서 작품을 구상하기 시작한다. 거창한 설정과 인물들이 떠올라도 막상 그것을 언어로 풀어내기는 어려울 수 있다. 이때 기획자는 창작자의 말 너머 맥락을 파악하고, 아직 형태를 갖추지 못한 이야기를 함께 붙잡을 수 있어야 한다. 구체화되지 않은 관념을 함께 탐색하며, 창작자가 이야기의 핵심을 발견하고 그것에 도달하도록 돕는 조력자가 되어야 한다.

그래서 기획 프로듀서의 소통은 '이해'가 아니라 '공감'에서 출발해야 한다. 창작자가 어떤 세계를 살아보고 싶은지, 그 안에서 어떤 이의 감정에 오래 머물고 싶은지를 듣고 나눌 수 있어야 한다. 좋은 기획은 작가의 이야기 속으로 깊이 들어간 사람에게 주어지는 선물이다.

기획안 쓰기: 방향성을 설계하는 첫 문장

제작 실무에서의 기획안은 단순한 발제를 넘어, 작가와의 협업을 위한 '창작 설계서'의 역할을 한다. 특히 첫 문장은 이 프로젝트가 왜 지금 필요한지, 어떤 감정의 톤과 서사적 방향을 지향하는지를 단번에 보여주는 핵심이다. 이 한 문장은 이후 캐릭터 중심의 구조 설계(사건보다 인물의 감정 변화와 선택을 중심으로 전개되는 서사), 주제 메시지, 서사 톤, 시리즈 전개의 뼈대를 결정짓는 출발점이자 기준점이 된다.

그래서 보통 드라마 기획안에는 다음의 내용이 담긴다.

— 기획 의도
— 작품 포인트
— 전체 줄거리
— 등장인물
— 회차 구성(에피소드 트리트먼트)

처음부터 완성된 기획서를 제출하는 경우는 드물지만, 편성 채널이나 투자사와의 논의를 위해서는 어느 정도 전체 줄거리의 윤곽과 결말의 방향성을 미리 가늠할 필요가 있다. 기획서를 쓰는 일은 단순히 개요 정리를 넘어서, 인물이 어떤 감정을 따라 어디로 이동할 것인지를 상상하고 서사의 지도를 그리는 작업이다. 하지만 이때 중요한 것은 계획만큼이나 '여백'이다. 작가에게 지나치게 구체적인 회차별 줄거리를 요구해 미리 고정해 두면, 대본을 쓰는 과정에서 인물의 감정이 진화하거나 예기치 못한 방향으로 전개되는 창작의 가능성을 제한하게 될 수 있다.

나 역시 그런 경험이 있는데, 작가가 미리 모든 회차 줄거리를 완성한 상태로 편성까지 받은 작품이었다. 창작자로서는 불안을 줄이기 위한 선택이었고, 방송사와 협의를 위해 필요한 작업이기도 했다. 그러나 작가는 그 예상 줄거리에서 벗어나지 못해 인물들의 감정이 억눌려 살아 숨 쉬지 못했고, 결국 예측 가능한 이야기와 결말만이 남았다.

작가는 본인이 계획한 감정선 외에는 다른 선택을 받아들이지 못했고, 프로듀서로서 나는 그 벽을 넘지 못한 채 적당한 성공에 머물러야 했다. 그때 생각했다. 기획안은 계획이 아니라 방향이어야 한다고.

영화처럼 단일한 서사 구조를 가진 장르에서는 전체 구조를 미리 짜는 것이 효과적일 수 있다. 그러나 장편 드라마는 다르다. 배우의 연기, 촬영 현장의 분위기, 대중의 반응에 따라 감정선이 살아 움직이며, 그에 따라 스토리 또한 생명력 있게 진화해야 한다.

기획안의 본질은, '이 이야기는 어떤 인물의 어떤 결핍에서 출발해, 어떤 갈등과 선택을 통해 어디로 향할 것인가'에 대한 구체적인 제안이다. 그래서 기획안을 쓴다는 것은 인물의 욕망과 상황이 만들어내는 감정의 흐름을 설정하고, 그로 인해 어떤 갈등의 장면이 펼쳐질지, 어떤 질문을 시청자에게 던질지를 미리 그려보는 일이다.

대본 개발

6부작이나 8부작 미니시리즈의 경우, 전체 대본을 완성한 뒤 제작에 들어가는 것이 이상적이다. 그보다 긴 장편 시리즈일 경우, 절반 정도의 대본을 기반으로 제작을 시작하되, 현장의 변화에 유연하게 대처할 수 있는 탄력성을 확보하는 것이 좋다. 드라마는 대본 그대로 찍어내는 고정된 조각이 아니라, 배우의 컨디션, 날씨, 계절, 장소, 예산, 시간 등 셀 수 없이 많은 변수 위에 떠 있는 유기체에 가깝기 때문이다.

　작가가 마지막 화 대본까지 완성했더라도 촬영 현장에서의 수정은 불가피하다. '부분적으로 수정하면 되겠지'라고 생각하겠지만, 그렇게 촬영된 장면들은 편집된 결과물 안에서 감정선이 끊기고 어긋나 보이기 십상이다. 왜냐하면 드라마는 줄거리보다 감정의 연결로 기억되기 때문이다. 한 장면의 대사와 리액션을 고치면, 앞선 장면의 감정 설정도 따라 바뀌어야 하고, 뒤따르는 행동과 선택도 새롭게 정렬해야 한다. 이 연쇄적인 조정은 결국 캐릭터를 처음부터 끝까지 꿰뚫고 있는 창작자만이 해낼 수 있다. 그러니 대본이 아무리 잘 쓰였다고 해도, 현장을 고려하지 않은 설계는 쉽게 균열을 일으킨다. 이야기 전체를 하나의 유기체로 보는 감각이 반드시 필요한 이유다.

기획 단계에서 프로듀서의 가장 중요한 역할 중 하나가 바로 이 지점이다. 작가가 캐릭터의 변화를 끝까지 이끌어 갈 수 있도록 작품의 중심을 함께 잡고, 연출과도 긴밀하게 호흡하며, 드라마의 방향성을 잃지 않도록 조율하는 일. 이 작업 없이 뛰어난 몇몇 장면만으로 완성도 높은 드라마가 탄생하기는 어렵다.

박경수 작가는 〈추적자〉 대본집 서문에서 이렇게 말했다.
"평행 서사에서 극적 상황이 주어지면, 이야기의 속도가 제어할 수 없을 정도로 빨라진다는 것을 그때는 몰랐습니다… 액션과 리액션이 반복되며, 이야기는 통제할 수 없을 정도로 전개되고…"

드라마는 결국 창작자가 캐릭터를 조정하는 것이 아니라, 캐릭터의 동력에 의해 창작자가 이끌려가는 어떤 경험이라고 느껴졌다. 인물의 선택과 감정의 변화를 따라가다 보면, 어느 순간 창작자가 의도하지 않았던 결말에 도달하게 된다.

결국 드라마란, '결말'이 아닌 '경로'로 기억되는 이야기다. 시청자는 마지막 장면보다도, 그 장면에 이르기까지 어떤 예측할 수 없는 감정의 곡선을 따라왔는가를 더 오래 기억한다.

그렇기에 대본 개발은, 기획이 세운 뼈대에 감정의 혈류를 돌게 하고, 인물에게 생명을 부여하는 작업이다. 그 인물이 현실처럼 숨 쉬고, 움직이고, 스스로 선택하게 되는 순간까지, 작가와 연출, 그리고 프로듀서가 함께 호흡해야 한다.

편성을 위한 대본 검토 및 캐스팅

대본이 4부 이상 완성되면, 본격적으로 채널이나 플랫폼에 편성을 제안한다. 이때 제출된 대본을 토대로 내부 회의를 거쳐 편성 가부가 결정되기에, 초기 회차(특히 1~4부 내에) 대본으로 작품의 정체성과 매력을 충분히 설득력 있게 보여줄 수 있어야 한다. 즉, 이야기의 톤, 중심 갈등, 주인공의 욕망과 결핍을 매력적으로 설정해야 하며, 정서적으로 공감하기 쉬운 인물을 구축하는 것이 좋다. 시청자가 초반 몇 장면만 보고도 인물의 외형이나 직업이 아니라, '왜 저런 감정을 느끼는지'를 설득력 있게 보여줄 때, 시청자는 이야기 속으로 빨려든다.

예전에는 작가의 필력과 연출의 감각, 기획자의 내공만으로도 편성의 문을 두드릴 수 있었다. 하지만 이제 그 문은 훨씬 더 복잡한 계산 위에 놓여 있다. 주요 배우의 이름값, 해외 시장에서의 판매 가능성, 광고와 브랜드의 자연스러운 연계까지, 드라마는 더 이상 이야기 그 자체로만 존재할 수 없다. 드라마는 이제 감정의 서사인 동시에 하나의 상품이 되어, 복합적인 유통 전략과 자본의 흐름 속에서 설 자리를 찾아야 한다. 그러한 사실이 씁쓸하게 느껴질 수도 있지만, 오히려 그런 조건 속에서도 흔들리지 않는 이야기를 만들어내는 일, 그것이 지금 우리가 해야 할 진짜 기획이 아닐까 싶다.

또한 프리 프로덕션의 시점과 방식도 변화하고 있다. 과거에는 편성이 확정된 다음에야 본격적인 제작 준비에 들어갔다면, 요즘에는 기획력과 자본력을 갖춘 제작사들이 편성 여부와 상관없이 프리 프로덕션에 돌입하기도 한다. 그만큼 좋은 스태프와 캐스팅, 핵심 촬영지 및 세트 확보를 위한 경쟁이 치열하고, 물리적인 리드타임을 확보하는 것이 제작 성패를 가르는 요소가 되고 있다. 물론 화려한 캐스팅과 파워 있는 크레딧만으로 성공을 보장할 수는 없다. 예상을 뒤엎는 작품이 등장하면서 대본 검토의 기준과 성공에 대한 정의 자체가 유연해지고 있다.

이 모든 과정에서 작품의 본질을 꿰뚫고, 시장성과 예술성 사이의 균형을 설계하며, 각 선택의 결과를 끝까지 책임지는 사람이 바로 프로듀서다. 기획자의 직감과 통찰이 단순한 선택을 '작품'으로 완성하는 힘이 되며, 그 판단력이 결국 성패를 가르는 순간이 온다.

프로덕션과 포스트 프로덕션

예전 방송국 시스템에서는 16부작 드라마의 경우, 편성을 받은 뒤 프리 프로덕션 기간으로 주어진 시간이 1~3개월 남짓,

이후 방송과 촬영을 병행하며 전체 제작을 6개월 안팎으로 마무리해야 하는 경우가 대부분이었다. 최악의 경우, 방송 6주 전 편성을 받고 대본 2회 분량만으로 촬영을 시작해야 했다. 그럴 때면 대본을 함께 만들 작가와 손발을 맞춘 주요 스태프를 빠르게 모아 촬영에 들어가고, 방송이 시작되고서 동시에 후속 회차를 편집해야 했기에, 기획부터 첫 방송까지 총 4개월 남짓의 시간밖에 없었다.

하지만 요즘은 다르다. 주 52시간 근무제 도입과 더불어, 영상 퀄리티에 대한 시청자의 기대가 갈수록 높아지면서, 촬영 기간만 해도 8개월에서 길게는 1년까지 소요되는 경우가 있다.

포스트 프로덕션에는 CG, 편집, 믹싱, 마케팅 등 다양한 과정이 포함된다. 특히 CG 작업이 많은 장르의 경우 후반 작업에만 몇 개월이 소요되기도 한다. 결과적으로 전체 프로덕션 기간이 1년 반에서 2년까지 걸리는 작품도 적지 않다. 그에 따라 제작비 역시 크게 상승하고 있으며, 이를 감당하기 위해 사전 투자나 글로벌 OTT 플랫폼과의 협업을 선택하는 경우가 빈번하다.

드라마 만드는 사람

완성된 작품이 방송되면, 제작자는 시청자들의 반응을 숨 죽이며 지켜본다. 하나의 시즌으로 종결되는 작품도 있지만 창작자나 제작자의 의지 또는 시청자들의 반응으로 시즌제 로 만들어지기도 한다.

마무리는 깔끔한 정산. 제작비와 수익이 있어야만 다음 영 상 창작을 이어갈 수 있다.

2

기 획 이
시 작 되 는
루 턴

무엇이든 읽는 사람

"많이 읽고 보시겠네요? 주로 뭘 읽으세요?"

"요즘 뭐가 트렌드죠? 어떤 게 재밌나요?"

기획 프로듀서라고 소개하면 빈번하게 받는 질문들이다. 많은 걸 읽고 보는 내 책상 위는 늘 어질러져 있다. 뒤죽박죽이지만 나만 아는 규칙이 있는데, 특히 맘에 드는 것은 눈에 띄게 펼쳐놓고 틈만 나면 뒤적인다. 그런 습관 때문에 2년 전 내 방에 아주 큰 책상을 들여놓았다.

지금 내 책상 위에 흩어져 있는 것들을 보자. 애플 TV+에서 방영됐던 드라마 〈재난, 그 이후〉의 원작 소설, 1951년 히치콕 감독이 연출했던 영화 〈열차 안의 낯선 자들〉의 원작 소설, 어제 도착한 1973년 개봉작 〈슬픔의 벨라돈나〉 DVD, 뫼비우스 작가의 SF 소설 『에데나의 세계』, 이영도 작가의 『눈물을 마시는 새』 아트북, 마거릿 애트우드Margaret Atwood의 『그레이스』, 신형철의 『몰락의 에티카』, 데이비드 그랜David Grann의 『플라워 문』… 장르도 참 다양하다. 쪼개서라도 읽고 싶은 것들은 책장에 꽂아두지 않고 늘 보이는 곳에 둔다. 매일 읽어야 할 여러 작가의 대본들과 전자책으로 보는 것들까지 합치면, 텍스트에 파묻혀 살고 있다고 해도 과언이 아니다.

　작가의 문장과 시선이 좋아서 아껴 읽는 책이 있는가 하면, 가볍게 펼쳤다가 첫 문장에 사로잡혀 단숨에 끝까지 읽게 되는 책도 있다. 어떤 때는, 기획하고 있는 인물의 욕망을 더 깊이 이해하고 싶어 고전 영화나 책들을 본다. 인물이 왜 그런 감정을 느꼈는지, 왜 그런 선택을 하는지를 이해하고 싶어서다. 그래서 작가가 어떤 단어를 골랐고, 문장을 어떻게 꿰었는지, 이야기의 어디에서 감정의 뿌리를 내리는지 유심히 들여다본다.

최근엔 여성 캐릭터의 서사를 새롭게 풀고 싶은 마음에 애니메이션 〈슬픔의 벨라돈나〉*를 다시 보았다. 아름답지만 잔혹하고, 무기력하지만 강인한 이중적인 캐릭터의 힘을 가진 작품이다. '복수'라는 장르적 장치에 예술적 감수성이 더해졌을 때, 그 캐릭터가 어떤 존재감으로 살아나는지를 목격하는 경험은 무척 자극적이다. 이 작품을 본 뒤엔 '이중성'이란 키워드에 꽂혀, 여성 인물이 한 방향으로만 설계되지 않도록 진행중이던 기획안을 다시 뜯어보게 되었다.

비슷한 맥락에서 〈노멀 피플〉**은 관계의 복잡성을 설계할 때 큰 영감을 주었다. 처음에는 단순한 첫사랑 이야기인 줄 알았지만, 두 인물이 공유하는 상처와 그로 인해 생긴 감정의 파동, 서로를 감정적으로 읽어내는 방식이 섬세하게 묘사된 작품이다. 특히 드라마 버전은 시청자가 인물의 내면을 밀착해서 들여다볼 수 있도록 주관적 시점 연출을 적극 활용했다. 대사에 앞서 눈빛의 흔들림이나 떨리는 손을 포착해 이를 통

- • 일본의 애니메이션 제작사 무시 프로덕션에서 제작한 극장 애니메이션. 스토리와 기법, 연출 모두 파격적이고 실험적이다. 흥행에는 참패했으나 예술적으로는 호평받았다.
- •• 동명의 밀리언 셀러 소설을 원작으로 한 아일랜드 드라마. 밀레니얼 세대가 느끼는 불안과 사랑을 섬세하게 담아 큰 인기를 끌었다.

해 인물의 미묘한 감정을 보여준 것이다. 섬세한 감정을 따라가게 만드는 이러한 방식은 '감정 동선'을 새삼 다시 생각하게 만들었다.

이렇듯 처음엔 인물의 욕망에 대한 모티브로 시작한 탐색이, 점차 내 기획의 전체 구도까지 바꾸기도 한다. 또 가끔은 전혀 다른 분야로 관심이 뻗어가기도 한다. 일례로 〈눈물을 마시는 새〉의 게임 아트북을 산 건 단지 일러스트 감상을 위해서였는데, 페이지를 넘기다 보면 어느 순간 이야기의 세계관, 비주얼이 인물의 심리로 이끌고, 어느샌가 나도 모르게 캐릭터에 대해 상상하고 있다. 이렇게 이야기 하나가 움튼다.

어쩌다 무심히 펼친 한 권의 책, 혹은 클릭한 영상 속 이미지들이 내 안에서 감정의 물결을 일으키기도 한다. 재미로 읽기 시작한 소설 속 활자가 어느새 선명한 이미지로 떠오르고, 그 이미지가 공감으로 확장되면 나는 질투를 느낀다. 그리고 질투는 곧 집요한 분석으로 이어진다. 반복해서 읽고, 장면의 구성과 문장의 리듬을 뜯어보고, 유사한 장르나 형식을 찾으며 그 창작의 원천이 무엇일지 찾아 헤맨다. 작가의 정서를 통째로 훔쳐보고 싶은 심정으로.

그러다 인간 존재의 본질에 대한 예리한 질문을 던지는 작품을 만나면, 질투는 이내 숙연함으로 바뀐다. 그런 콘텐츠 앞에서는 온전히 몰입할 수밖에 없다. 『재난, 그 이후』와 『플라워 문』이 그랬다.

『재난, 그 이후』는 허리케인이라는 극한 상황 속에서 가족들을 위해 '집단 안락사'를 선택한 한 인물이, 재난 이후에 윤리적 심판대에 서게 되는 이야기다. '인간은 어떤 상황에서 죽음을 선택할 수 있는가? 그 선택은 어디까지 용납될 수 있을까?' 이 작품은 윤리와 법, 양심과 본능 사이에서 벌어지는 고통스러운 질문들을 집요하게 파고든다. 오랜 시간 조사하며 이야기를 엮어낸 작가와 제작진의 용기와 내공에 전율할 수밖에 없었다.

『플라워 문』은 실화를 기반으로, 오히려 픽션보다도 더 날카로운 시선으로 전개된다. 석유로 갑작스레 부유해진 인디언 부족과, 살인을 통해 그 재산을 빼앗고자 하는 백인들의 야만적인 탐욕이 교차한다. '문명'이라 자처했던 이들이, 경제적 우위가 뒤바뀌자 얼마나 잔혹해질 수 있는지를 보여주는 이 이야기는, 인간의 지배욕과 위선에 대해 깊이 비탄하게 만든다.

그런 작품 앞에서 나는 완전히 넉다운된다. 그리고 작가의 깊은 시선, 서사의 무게감, 감정의 밀도 앞에 기획자로서 내가 고민하고 있는 방향을 다시 들여다보게 된다. 그래서 읽고 보는 것은 내게 단순한 취미를 넘어서 가장 일상적인 감정 훈련이자, 캐릭터 설계의 기반이 되어 준다.

크리에이터의 나이나 유명세는 중요하지 않다. 세상에는 이름을 알리지 않아도 뛰어난 창작자들과 인상 깊은 창작물들이 넘쳐난다. 그래서 나는 언제나 감상자의 자세를 겸손하게 유지하려고 한다. 내 취향이 특별하거나 누군가에게 추천할 만큼 고급스럽고 전문적인 것은 아니다. 다만 어떤 것을 보고 듣든지, 그 안에서 이야깃거리를 찾아내고 나만의 방식으로 해석하는 것을 즐긴다. 그림이든 음악이든, 한 장의 이미지든 거기서부터 캐릭터의 스토리를 상상해 내고, 그 이야기를 함께 작업하는 감독이나 작가에게 자연스레 공유한다.

때로는 멍하니 보던 영상 속 자막의 단어 하나, 장면의 색감, 독특한 건축물의 실루엣이 문득 새로운 아이디어로 이어지거나 기획안의 단서가 된다. 때로는 내 삶이나 감정, 인간관계에 대해 스스로를 정의하게 만드는 거울이 되기도 한다.

에세이, 평전, 경제 서적, 그림 도록, 라이트 노벨, 웹툰, 동화책, 심지어 일간지의 부고 기사까지, 읽는다는 행위는 장르와 상관없이 어떤 감정의 단서를 찾아 나서는 일이다. 누군가의 인터뷰에 언급된 자료를 찾아 캡처해 두고, 인스타그램 속 무명의 일러스트에 마음을 빼앗기고, 숏츠 영상의 짧은 배경 음악에 끌려 반복해서 듣는다. 이렇듯 캐릭터나 서사의 영감을 찾는 여정에서 전혀 예상하지 못한 작품을 만나 빠져들고, 한참을 허우적이다 제자리로 돌아오는 일이 허다하다. 나에게는 그것이야말로 가장 은밀하고도 확실한 일탈이며, 창작의 묘미다.

한번은 『왕좌의 게임』*을 쓴 조지 R.R 마틴George R.R. Martin의 인터뷰를 읽은 적 있다. 그는 문학계의 고전보다 잡다한 기사나 마이너한 소재들을 더 많이 읽었다고 했다. 덕분에 장르를 넘나드는 복합적인 세계를 쓰는 것이 자신에게는 어렵지 않았다고. 그의 말을 빌리면, 내가 로맨스 소설에서부터

- • '웨스테로스'라는 가상의 대륙에서, '철왕좌'라 불리는 왕의 자리를 차지하기 위한 귀족 가문들의 권력 투쟁을 벌이는 내용의 대서사 판타지 소설로, HBO에서 드라마 시리즈로 제작하며 글로벌 메가 IP가 되었다.

SF, 패션 잡지, 심지어 일간지 구석의 문화 기사까지 닥치는 대로 읽는 일도 결코 시간 낭비는 아닐 것이다. 나는 그렇게 변명하듯 되뇌곤 한다. '장르를 넘나드는 이야기꾼이 되기 위한 연구 중'이라고.

낯설게 보기

나는 내가 재미없다고 생각한 것이라도 사람들이 '재미있다' 고 하면 어떤 지점을 재미있어 하는지, 그 안에 어떤 감정이 숨어 있는지를 들어보려 한다. 내 취향과 다르더라도 누군가 가 반응한 콘텐츠에는 반드시 이유가 있다고 믿기 때문이다. 그래서 나와 다른 감각과 취향에도 항상 귀를 기울인다. '다름'을 경계하기보다, 오히려 더 자세히 들여다보려는 태도. 그게 바로 대중과 소통하기 위한 기획의 시작점이라고 생각한다.

'특이한 것', '새로운 것'만을 찾다 보면 오히려 시야가 좁아질 수도 있다. 창작을 제대로 이해하기 전에는 나도 '남들과 다른 이야기'를 하는 게 곧 특별한 창작이라고 믿었으니까. 하지만 진짜 특별함은 '튀는 것'이 아니라, 평범하게 보이는 이야기를 낯설게 혹은 깊이 있게 들여다보는 데서 온다. 많은 창작자들은 대중의 선입견을 잘 이해한 뒤, 그것을 의도적으로 뒤집는 데서 창작의 동력을 얻기도 한다. 그래서 자신이 '보통'과 '평범'이라 여기는 범주의 폭을 넓히는 것이 좋다.

　중요한 건, 내가 추구하는 감정과 대중이 반응하는 감정 간의 차이를 이해하고, 그 간극을 메우려는 노력이다. 그래서 기획자에게는 보편적 감정을 개별적인 이미지와 행동, 대사로 치환해 내는 '고유한 감정 언어'를 만들어내는 감각이 필요하다. 인물의 몸짓 하나(막막한 상황에 처한 인물이 말없이 자신의 손톱을 바라보는 작은 행동), 호흡의 길이(상사의 부당한 언행에 바로 반박하지 않고, 숨을 크게 들이마신 뒤 시선을 피한다면 어떤 대사보다 큰 절망과 무력감을 압축적으로 전할 수 있다)로 인물의 내면을 원초적으로, 감정을 깊이 있게 표현할 수 있다. 그럴 때 비로소 평범한 이야기도 특별해지고, 대중과 진정으로 연결된다.

그래서 되도록 '내가 무엇을 읽고 보았을 때 왜, 무엇을, 재 있다고 할까?' 그리고 '타인은 무엇 때문에 이것을 선택하고 즐기는 것일까?'에 대한 나만의 답을 찾아보려고 한다. 솔직 하게 답하는 게 쉬울 것 같지만 실제로는 그렇지 않다. 때론 다수의 의견과 비평 속에서 내가 재있다고 느끼는 것들에 솔 직하지 못할 때가 있다. 그러니까 선입견으로 딱딱해진 시선 을 벗겨내기 위해서는 나의 취향에 대해 솔직해지고, 나와 다 른 취향에 대한 생각거리를 끊임없이 만들어가야만 한다.

이런 시선을 유지하기 위해 나는 습관적으로 기록한다. 나 에게 기록은 그 감정의 출처를 추적하는 일이다. 콘텐츠를 보 고 느낀 감정은 시간이 지나면 쉽게 증발하기 때문에 조금만 지나도 기억나지 않는다. 그 순간의 감각을 짧게라도 붙잡아 두려면 기록해야 한다. 가장 자주 쓰는 방법은 나 자신에게 보내는 문자메시지다. 적어둔 문장들은 시간이 지난 뒤 보면 엉뚱하거나 유치하게 느껴질 수도 있지만, 그때의 감정만큼 은 진실에 가깝다.

그렇게 쌓인 메모들을 나중에 다시 들여다보면, 내가 어떤 장면에서 웃었는지, 어떤 대사에 멈추었는지, 그리고 어떤 캐 릭터에 마음을 빼앗겼는지 구체적으로 떠오른다. '왜 좋아했는가'를 생각하다 보면, 단순히 재미있었기 때문이 아니라, 어떤 감정이 건드려졌기 때문이라는 걸 깨닫게 된다.

그렇게 남긴 기록들은 내가 어떤 감정에 민감한 사람인지, 어떤 장면과 이야기에서 집중력이 높아지는지를 깨닫게 만든다. 이후 콘텐츠를 기획하거나 수정할 때, 그 메모들은 마치 과거의 내가 남긴 조언처럼 작동한다.

결국, 관찰과 기록은 '양'을 만드는 습관이다. 많은 것을 보고, 남기고, 돌아봐야 비로소 자신만의 기준이 생긴다. 나는 '양이 질을 만든다'는 말을 믿는데, 단순히 콘텐츠를 많이 소비해 봐야 한다는 말이 아니다. 내가 좋아하는 감정, 대중이 반응하는 정서, 반복적으로 등장하는 테마들에 대한 누적된 감각이 쌓여야 비로소 판단 기준이 생긴다는 말이다.

예전엔 '이게 아니면 안 돼'라는 편협한 확신에 스스로를 가두기도 했다. 하지만 수많은 프로젝트를 거치며, 비슷해 보이는 이야기도 전혀 다르게 풀 수 있다는 것을 배웠다. 어떤 원작이 엉성하게 느껴졌다고 해도, 그 작품 안에서 감정의 동선을 읽어내고, 구조를 잡아가는 과정을 반복하면서, 기획은 어느새 가능성 있는 설계가 된다.

한 문장에서
기획이 시작될 때

내가 일상에서 피로감을 덜어내는 가장 확실한 방법 중 하나는 만화 읽기다. 그래서 집에는 책장 곳곳에 꽂혀 있거나 박스째로 쌓아둔 만화책이 많다. 그중 읽지 않고 오랫동안 꽂혀 있던 『낫 심플Not Simple』이라는 만화는, 한 줄의 대사로 나를 붙잡았다.

"정말이지 네 인생은 굉장해. 영화보다 더 영화같이. 네 이야기를 소설로 쓰겠어. 1년 후 네가 그녀와 만나게 되면 그때부터 쓰기 시작할 거야. 그래도 되겠지?"

이 대사를 읽자마자, 자연스레 '기획 모드'에 들어갔다. 이 말을 듣는 인물은 어떤 삶을 살았을까? 어떤 경험을 했길래 누군가의 이야기가 소설로 쓰일 만큼 특별한 걸까? 그는 어떤 사랑을 해봤을까? 어떤 배경에서 자랐고, 사람들과 어떤 관계를 맺고 살까?

이런 꼬리에 꼬리를 무는 상상은 종종 인물의 말 못 한 속마음을 떠올리게 하고, 이야기의 어느 시점에 무엇을 보여줘야 할지 감을 잡을 수 있게 한다. 비록 몇 줄의 메모일지라도, 감정의 뿌리를 따라간 시간은 다른 작품을 기획할 때 귀한 레퍼런스가 된다.

때로는 감정이 너무 꽉 막혀 아무 생각도 떠오르지 않는데, 그럴 땐 도서관 서가를 천천히 걷는다. 어느 날은 『불안의 서』라는 책 제목이 내 마음의 풍경을 닮은 듯해 집어 들었다. '세상에서 가장 슬픈 책'이라는 문구에 오기가 생겼다. '불행 배틀이라면 내가 이길 자신이 있는데.'

그런 마음으로 읽기 시작한 책은, 오히려 나를 조용히 무너뜨렸다. 연결성 없이 툭툭 던져지는 문장들 속에서 삶의 주변부를 살아가는 사람들의 고요한 고통이 전해졌다. 문장들에 공감하며 나는 내가 가진 불안을 돌아보았고, 나도 모르는 사이 위로받고 있었다.

이런 '깊이 읽기'는 감정만이 아니라, 직업과 공간에 대한 상상으로도 이어진다. 〈수수하지만 굉장해! 교열걸 고노 에츠코〉라는 일본 드라마를 보고 나서는 원작 소설을 찾아 읽었다. 그다음엔 미국 문예지 〈더 뉴요커The New Yorker〉의 교열자 메리 노리스Mary Norris의 책까지 읽었다. 또 『아주 작은 죽음들』이라는 책은 법의학자이자 디오라마*를 통해 사건을 재구성하는 여성의 기록이었는데, 이 책에서 드라마의 장면이 될 수 있는 직업의 감정선과 공간적 디테일을 메모해 두었다.

기획은 대개 사적인 관심의 발견에서 시작된다. 누군가에게는 사소한 관심이 나에겐 깊은 탐구로 이어지고, 종종 그것이 새로운 캐릭터나 이야기의 씨앗이 된다. 혼자만의 호기심에서 시작된 탐색이 어느 날 수다로, 기획서로, 회의 안건으로 확장되고, 머릿속은 아이디어로 가득해져 설레는 동시에 긴장되기까지 한다.

• 어떤 사건이나 풍경 등 특정 장면을 3차원의 실물로 만든 모형을 말한다.

물론 상상의 시작은 창대하지만, 늘 흔들리고 무너질 준비를 해야 한다. 그 흔들림 속에서 '왜 이 이야기를 해야 하는지'에 대한 확신을 되찾고, 흩어진 생각들을 구체적인 실행 계획으로 옮겨내는 것, 그것이 바로 기획 프로듀서가 매일 하는 일이다. 결국 이야기가 뿌리내릴 수 있도록 버티고 돕는 일이다.

드라마 만드는 사람

메모로 말 걸기

핸드폰의 메모 앱은 하루에도 몇 번씩 새로운 문장들로 채워진다. 작가, 연출가, 다양한 창작자들과 회의하며, 콘텐츠를 읽거나 영감을 받는 순간마다 떠오른 생각을 빠짐없이 기록하기 때문이다.

"주인공의 설정과 감정의 이유는 다르다.
주인공이 왜 그렇게 행동하는지, 설득할 수 있어야 한다."

이 문장은 드라마 〈돌풍〉의 대본 회의 중, 작가가 던진 말이다. 이 드라마는 죄를 짓고도 법망을 피해가는 권력자들, 즉 끊어낼 수 없는 악의 구조에 맞서기 위해 대통령 시해를 결심하는 한 인물을 중심으로 시작된다. 강렬한 설정이지만, 그 인물이 왜 그런 극단적 결심에 이르렀는지, 감정의 논리가 충분히 구축되지 않으면 시청자는 쉽게 몰입하지 못한다.

기획자는 자주 설정에 매몰된다. 어떤 사건이 벌어지고, 인물이 어떤 행동을 하는지에 관한 '정보'를 정리해 두면 안심되기 때문이다. 그러나 정말 중요한 건, 그 행동을 이끌어낸 감정의 근거와 변화의 과정이다. 주인공이 어떤 상실을 겪었고, 어떤 세계를 바라보며, 무엇을 판단했기에 그 선택에 도달했는지를 기획자 자신부터 이해하고 납득해야 한다. 그래서 나는 이런 메모도 적어두었다.

"캐릭터가 감정을 가지려면, 먼저 상황을 인식하고 스스로 판단할 수 있어야 한다."

이 말은 캐릭터의 감정선이 '그 캐릭터 스스로 납득한 결과'를 바탕으로 형성되어야 한다는 뜻이다. 단순히 상황에 끌

드라마 만드는 사람

려가는 감정은 설득력이 없다. 캐릭터가 자신의 세계를 어떻게 해석하는지, 그 해석이 감정으로 연결되는 과정을 치밀하게 설계해야 한다. 기획자나 작가가 이 인식의 과정을 소홀히 여기면, 사건이 아무리 많아도 이야기는 헐겁게 느껴진다. 특히 결말에 가까워질수록 인물이 도달해야 할 감정에 어설프게 도착하면, 시청자 또한 부자연스러움을 느낀다.

이걸 알아도, 또다시 실수한다. 그래서 잊지 않기 위해 계속 메모하며 질문한다. 메모는 인물의 감정을 구조화하고, 그것이 설득력이 있는지 확인하는 가장 현실적인 도구다. 설정과 서사를 설계하는 것 못지않게, 감정의 논리를 끈질기게 추적하는 습관이 기획자에게는 필요하다.

이 외에도 메모들을 보면, 남들이 보기에 두서가 없는 것들이 많다.

"모든 욕망은 속물적이어야 한다. 가장 높은 정신은 가장 추한 곳을 향해 가야 한다."
"느와르는 힘을 갖기 위한 노력이다."
"대사란 다이얼로그. 재치가 아니라 감정과 관계에서. 상황과 감정에 맞게 하느냐가 중요."

"〈방과 후 전쟁활동〉의 구체에 대한 이야기는 두려움의 원인 규명이 아닌 살아남아야 하는 공포에서 내 옆에 죽어가는 친구를 보는 공포를 함께 극복해 가는 과정을 담는다."

"〈진격의 거인〉의 이야기 구조는 내가 잡아야 할 거인. 바로 내가 그 거인이 되어 살인당할 수밖에 없는 상황. 그 딜레마 상황이 이미 어릴 적부터 내재화되어 있었다는 것에서 시작한다."

이렇듯 주절대며 쓴 메모는 나에게 말을 걸고 새로운 이야기를 기획하는 과정에서 잊지 말아야 할 다짐이기도 하고, 작가와 이야기를 나누며 배운 것을 잊지 않기 위한 기록이기도 하고, 때론 움켜쥐고 흔들리지 말아야 할 다음 기획의 스토리나 캐릭터의 방향성이 되기도 한다.

질문에서 시작되는 기획

앞서 언급한 다소 두서없고 파편적으로 보이는 메모들도, 실제로는 모두 질문에서 출발한다. '왜 어떤 인물은 악을 선택할까? 그 선택이 단지 욕망 때문은 아닐 텐데, 그렇다면 그 안에는 어떤 상처나 좌절이 있었을까? 우리가 그 인물에게 공감하려면, 무엇을 이해해야 될까?'

영화와 드라마를 보고, 책을 읽는 모든 행위는 실은 세상을 읽는 일이다. 그리고 그 읽기의 끝에 남는 질문들로 감상은 더욱 깊어진다.

기획을 하면서도 여러 질문들을 기록한다. 목적은 하나다. 이 이야기를 통해 나는 무엇을 묻고 싶은가에 대한 답을 하기 위해서다.

예를 들면 〈커넥트〉* 시리즈의 초반 개발 단계에서는 '눈을 빼앗긴 자는 눈으로 무엇을 보는가?'라는 질문이 출발점이었다. 이 질문을 따라가다 보니 '커넥트 능력은 왜 이 시대에 탄생했는가?'라는 보다 근원적인 질문을 만나게 되었다. 질문은 꼬리를 물었고, 이야기는 점점 더 확장되었다.

'육체가 나뉘었을 때, 마음은 어디까지 연결되어 있는가', '괴물 같은 행위를 하는 자는 진짜 괴물인가, 괴물로 여겨지는 사람인가', '공포를 통해 인간의 본질을 드러내는 장르적 실험이, 낯설지만 의미 있는 표현이 될 수 있는가'.

이런 물음들은 단지 서사의 외형을 만드는 데 그치지 않고, 작품의 정서적 톤을 어떻게 잡을지, 밀도 높은 윤리적 질문들을 어떻게 스토리 구조 안에 녹일지에 대한 기준점을 세워주었다. 그래서 〈커넥트〉는 단순히 특이한 설정을 지닌 장르물

• 죽지 않는 몸을 가진 새로운 인류 '커넥트'인 주인공이 한쪽 눈을 빼앗긴 뒤, 그 눈이 연쇄살인마에게 이식되었다는 사실을 알고 그의 뒤를 쫓는 추격 스릴러 드라마다.

이 아니라, '우리는 타인의 고통과 어떻게 연결되어 있는가'라는 질문을 던지는 감정적 드라마이기도 했다.

기획자에게 질문은 직관이자 방향이다. 처음에는 개인적인 단상이 메모로 남고, 그 메모들이 쌓이면 아이디어가 되고, 그 아이디어가 하나의 질문으로 명확해질 때 비로소 기획은 움직이기 시작한다. 나의 일은 내가 어떤 이야기에 끌리는지, 왜 그 이야기를 하려고 하는지, 결국 어떤 질문에서 시작되는지 스스로 답할 수 있어야 한다.

그렇기 때문에 질문은 방향이고, 메모는 방향을 잃지 않게 해주는 가이드다. 그 작은 시작이 하나의 드라마가 된다.

연애와 결혼보다 더 중요한 선택은 없을까?

〈김비서가 왜 그럴까〉는 '연애와 결혼보다 더 중요한 선택은 없을까?'라는 질문에서 출발한 로맨틱 코미디 드라마다. 물론 드라마의 결말은 결혼이라는 익숙한 해피엔딩으로 마무리되지만, 질문에 대한 고민은 분명 작품에 담겼다. 초기에 품었던 그 질문은 점차 '남녀 관계의 표현이 단지 사랑과 연

애가 아니라 또 다른 동맹이거나 삶의 공유는 될 수 없을까?'
라는 질문으로 바뀌었고, 이러한 방향에서 이야기를 다시 바
라보려 했다.

여기서 말하는 '삶의 공유'란, 연애 감정으로 귀결되는 관
계가 아니라, 서로의 감정적 독립성을 존중하면서도 필요한
순간에 가장 깊이 서로를 이해하고, 필요한 존재로 곁에 머무
는 관계에 가깝다. 상대의 삶에 함부로 간섭하지 않으면서도
같은 시간을 살아가는 동반자로서 느끼는 감정, 꼭 '사랑'이
라는 말로 표현하지 않아도 가능한 공감과 연결의 가능성. 나
는 바로 그 지점을 실험해 보고 싶었다.

이 질문은 드라마 속 여러 커플의 관계를 통해 확장되었다.
어떤 커플은 오랜 오해 끝에 다시 손을 잡았고, 어떤 커플은
연애의 설렘 대신 오랜 시간 함께한 사람만이 줄 수 있는 익
숙함과 안정감을 나누었다. 또 어떤 인물들은 끝내 사랑으로
이어지지는 않지만, 서로의 삶에서 가장 중요한 '이해자'로
남는다. 이렇게 드라마 속 관계들은 전통적인 로맨스의 문법
을 따르면서도, 그 너머의 관계에 대해 다른 가능성을 열어
주었다.

그외에도 삶에 있어서 유머가 얼마나 필요한가, 공감은 어

떤 방식으로 관계를 지탱하는가, 그리고 연애 감정이 아니더라도 서로의 존재가 위로가 될 수 있는가에 대해 고민했고, 그 흔적이 드라마 곳곳에 녹아들길 바랐다.

물론 이 질문의 끝까지 도달했는지에 대한 판단은 시청자마다 다를 것이다. 하지만 나에게 이 작품은 관계를 바라보는 또 다른 시선을 조심스럽게 탐색한 시간이었다. 감정의 이름보다 관계의 온도를 더 중요하게 여겨보려는 시도. 그것이 기획자로서 내가 붙든 질문이자, 내게 남은 작은 흔적이었다.

10대의 감정과 관계를 다르게 보여줄 수는 없을까?

티빙 오리지널 〈방과 후 전쟁활동〉*은 '뻔한 학원물이 아닌, 10대의 감정과 관계를 다르게 보여줄 수는 없을까?', '졸업을 앞둔 고3들이 느끼는 불확실한 미래에 대한 공포를 어떻게 이야기로 표현할 수 있을까?' 이런 질문들에서 시작되었다. 그 질문이 때로는 너무 크고 모호해서 답을 찾지 못할 때도

• 하일권 작가의 동명 웹툰을 원작으로 한 작품으로, 괴생명체의 공격에 맞서 싸우기 위해 입시가 아닌 '진짜 전쟁'을 시작한 고3 학생들의 이야기다.

있지만, 질문 없는 드라마는 오래 남기 어렵다.

원작자인 하일권 작가는 이 작품 속 중심 소재인 '구체^{球體}'의 기원을 의도적으로 모호하게 남겨두었다고 말한다. 나는 그 점에 매료되었다. 이름은 있지만 설명되지 않은 존재, 공중에 떠 있는 보랏빛 덩어리, 그 정체불명의 공격자 앞에서 아이들은 펜 대신 총을 들게 된다. 학생에서 전사로 전환되는 그 순간, 나는 이 이야기가 단순한 SF가 아니라고 확신했다.

사회에서 고3이라는 존재는 언제나 미래를 압박받고, 동시에 현재를 유예당한다. 그들에게 닥친 '구체의 침입'은 단순한 외계 생물의 침공이 아니라, 우리 시대의 10대가 매일 같이 마주하는 불확실성의 감각, 그 자체일지도 모른다고 생각했다.

그래서 작업 내내 이 '구체'를 물고 늘어졌다. '이 구체는 무엇이고, 왜 지금, 왜 이 아이들에게 나타난 걸까?' 이름 없는 존재조차도 설명할 수 있어야 한다는 건 영상 작업에서 자주 마주하는 딜레마다. 감정이 추상적일수록 만드는 이는 더 구체적으로 구상해야 한다. 배우가 감정을 연기하고, 감독이 장면을 설계하며, 스태프들이 모든 장면에 신뢰를 가지려면 그 불확실함조차 설계된 구조를 가져야 한다.

고민 끝에 원작 속 한 컷을 떠올렸다. 구체의 공격 이후, 살아남은 한 학생이 저녁노을 아래 떠 있는 구체를 바라보며 "아름답다"고 말하는 장면이었다. 그 순간, 나는 이 이야기가 도달하려는 정서를 비로소 이해할 수 있었다. 공포의 상징이 감상의 대상이 되는 찰나에 '이 아이들은 도대체 얼마나 많은 것을 잃었고, 무엇을 감내해 온 것일까?' 하는 생각에 이르렀다.

또 다른 질문도 있었다. '10대는 왜 늘 보호받아야 하고, 미숙하다고 여겨지는가?' 나는 이 작품을 통해 그 고정관념을 흔들고 싶었다. 드라마 속 아이들은 두려움 속에서도 스스로 판단하고, 선택하고, 책임지며 자란다. 그들의 감정은 단순히 철없고 격정적인 것이 아니라, 가장 정직한 분노와 사랑, 가장 선명한 두려움이었다. 그래서 나는 말하고 싶었다. "10대의 감정이야말로 가장 솔직한 정치적 감정"이라고.

질문은 계속 이어졌다. '우리 사회는 왜 집단에서 이탈하는 존재를 그렇게 쉽게 배제하는가?' 훈련소라는 작은 군대 시스템 안에서 규율을 어긴 아이는 곧 '문제아'가 되고, 다수의 안전을 위해 배제당한다. 거기엔 이미 어른들이 만든 규칙, 생존 윤리, 집단주의의 그림자가 드리워져 있다.

그 장면들을 설계하며 내가 가장 마음 아팠던 건, 무엇을 위해, 누가 정한 규칙에 따라 이 아이들이 서로를 감시하고 적으로 인식하게 되었는가 하는 점이었다.

그리고 촬영 말미까지도 따라다니던 질문 하나. '살아남는 다는 건 무엇을 의미하는가?' 많은 친구들이 죽고, 누군가는 살아남는다. 하지만 그 생존은 단순히 호흡의 지속이 아니다. 살아남은 아이는 죽은 친구의 이름을 기억하고, 스스로에게 끝없이 묻는다. 나는 왜 살아남았는가. 그 죄책감과 허탈 속 에서 다시 살아가야 하는 아이들의 감정을 끝까지 다루는 것 이 내 역할이라고 생각했다.

창작이란 어쩌면 정답을 향해 나아가는 일이 아니라, 질문 을 견디는 일일지도 모른다. 때로는 답을 찾았고 때로는 질문 만을 남긴 채 끝났지만, 끝까지 고민하며 이야기를 만든다. 기획자란 결국, 답보다 질문에 오래 머무를 수 있는 사람이 아닐까.

만약 지금 '노예제도'가 정당화된다면?

드롭된 기획이지만, 나의 오리지널 아이디어로 출발했던 프로젝트가 있다. 〈워킹데드〉를 제작한 미국 AMC 스튜디오의 프로듀서와 함께 개발했던 작품인데, 황당하고 도발적인 질문 하나에서 시작된 이야기다.

"만약 현대에 1차 산업을 위한 일종의 '노예제도'가 교육이라는 이름으로 정당화된다면? 그것이 누군가에게는 '기회의 장'으로 작동한다면, 어떤 사회가 가능해질까?"

이 질문은 소설 〈힐빌리의 노래〉에서 읽은 한 문장에서 비롯되었다.

"돈이 없고, 먹고 쓰는 것이 풍요롭지 않은 것. 그게 가난이라고 생각하시나요? 사실 진짜 가난은 금전적인 빈곤이 아닌, 정신적 빈곤에서 옵니다. 내 삶이 더 나아지지 않을 거라는 삶의 포기가 인생의 가난을 불러오죠."

절망스러운 현실에, 노예가 되기를 자처하는 사람들이 있다면? 그리고 그들에게 희망을 미끼로 노동 감옥으로 유인하는 빌런이 있다면? 그것이 이 프로젝트의 출발점이었다.

이 프로젝트는 결국 플랫폼의 방향 전환으로 인해 중단되었지만, 나는 이 아이디어의 잔재를 다른 프로젝트에 옮겨 담았다. 최근 작업 중인 웹툰 원작 드라마에서 원작의 세계관을 보강하고 확장하는 과정에서 이 기획의 질문을 적용해 본 것이다. 그 결과는 예상보다 긍정적이었다. 이를 흥미롭게 본 미국 파트너사에서 애니메이션 시리즈로의 공동개발을 제안해 왔고, 현재는 함께 글로벌 피칭을 준비하며 기다리는 중이다.

허황되어 보이는 작은 질문 하나가 누군가에게는 '오리진 origin'이 된다. 창작은 질문을 품은 사람을 만나며 진화하고, 시너지를 얻는다.

'당연함'을 의심하는 것

기획의 시작점은 다양하다. 어떤 때는 우리가 무심코 받아들이는 것들—성실함이 정의라는 믿음, 노력하면 된다는 구호, 교육이 곧 계급 상승의 수단이라는 전제—을 다시 보게 만드는 시선, 좋은 기획은 그런 뒤집힘에서 시작된다.

또 하나의 동기는 인간에 대한 이해의 결핍이다. 우리는 인간을 안다고 믿지만 사실은 그렇지 않다. 어떤 인물의 말투가 어딘가 불편하게 느껴질 때, 혹은 그의 반응이 지나치게 과장되거나 이상할 때, 알고 보면 과거의 상처나 결핍에서 비롯된 방어기제라는 것을 뒤늦게 깨닫는 경우가 있다. 그럴 때면 '왜 그렇게밖에 반응할 수 없었는지'를 집요하게 알아내고 싶은 마음이 생긴다. 이해 불가능한 행동을 해석하고, 표현하고 싶은 욕구, 그게 바로 한 인물을 '제대로' 그려보고 싶다는 갈망이다. 창작은 종종 그런 집요함에서 비롯된다.

때로는 분노에서 출발하기도 한다. 진정성 있게 살아가려는 사람의 이야기가 왜곡되고, 뒤틀린 방식으로 소비될 때면 마음이 좋지 않다. "그건 그렇게 말할 일이 아니야. 그 삶을 그렇게 쉽게 판단할 수 없어." 그 반발심이, 하나의 인물과 하나의 세계를 만드는 시작점이 된다.

그래서 나는 작품의 깊이는, 질문의 깊이만큼만 가능하다고 믿는다. 인물에 대해 오래 묻는 사람이 결국 서사를 완성할 수 있다. 그렇다고 모두가 글을 쓸 필요는 없다. 크리에이터는 다양한 형태로 존재한다. 작은 아이디어라도 진심이 있다면, 함께 발전시킬 수 있는 동료를 만나게 될 것이다.

사람과 이야기의 겹을 읽는 '법'

법과 이야기의 접점

나는 법을 오래, 띄엄띄엄 공부해 왔다. 누가 알았겠는가, 법 공부가 나를 이야기의 세계로 이끌어주리라는 것을. 어느 날 보게 된 MBC 〈베스트극장〉 덕분이었는데, 당시 방영된 한 단막극이 신림동을 배경으로 한 고시생의 이야기였다. 근데 웬걸, 내가 살던 동네, 늘 밥을 먹던 고시 식당이 화면에 그대로 나오는 게 아닌가. 내 일상의 공간이 드라마의 무대가 되

드라마 만드는 사람

는 순간, 낯설고도 묘한 흥분을 느꼈다. 내가 배우는 법과 이야기가 맞닿는 접점을 발견한 순간이었다.

드라마가 그리려는 인물의 심리, 갈등, 판단, 후회는 이미 수많은 판례 속에 살아 있다. '이런 일이 다 있나?' 싶을 만큼 놀라운 사건들도 많지만, 판례 속 사람들은 허구가 아니다. 실제로 누군가를 사랑하고, 배신하고, 끝내 용서하지 못한 채 살아온 이들이다. 법정은 그들의 감정이 폭발하고 충돌하는 무대다. 동시에 인간이 인간다울 수밖에 없는 한계를 드러내는 장면이기도 하다.

이를테면 이혼 소송을 떠올려보자. 단순히 '사랑이 식었다' 는 이유만으로는 사건이 시작되지 않는다. 오랜 세월 쌓인 감정, 경제적 의존, 육아와 노동의 불균형, 서로에 대한 불신이 얽히고설켜 터져 나온다. 그래서 법은 차갑고 딱딱한 규칙집 이라기보다, 사람들의 실수와 갈등이 모여 있는 이야기 창고 에 가깝다. 그 안에는 드라마보다 더 깊은 감정의 지층이 쌓여 있다.

법은 결국 사람의 삶과 생각이 남긴 흔적이다. 판례는 그 흔적 속에서 일어난 수많은 감정과 욕망의 충돌이 어떤 결말을 맺었는지를 기록한 고밀도의 서사다. 어떤 법은 시대가 지나며 사라지고, 어떤 판례는 사회의 흐름에 따라 다시 쓰인다. 그래서 법은 곧, 당대 사람들이 세상을 어떻게 이해했는지를 보여주는 기록이자 증거이기도 하다.

그래서 나는 가끔 판례집을 펼친다. 단지 사건을 참고하기 위해서가 아니라, 인간의 욕망과 상처를 더 깊이 이해하기 위해서. 드라마가 결국 '사람'을 그리는 작업이라면, 법은 그 사람을 입체적으로 바라볼 수 있는 하나의 창이 된다.

전문 자격자는 아니지만, 법을 이해하고 있다는 점은 드라마 업계에서 뜻밖의 장점이 되었다. 법을 아는 기획자라면, 단순히 설정을 그럴듯하게 만드는 데서 만족하지 않는다. 어떤 인물이 왜 그런 판단을 했고, 왜 그렇게 감정이 폭발했는지를 '맥락'으로 읽어내고, 그것을 극의 감정선으로 설계할 수 있다. 그리고 그런 내면의 흐름을 알게 되면, 캐릭터는 훨씬 더 설득력 있게 움직이고, 이야기는 우리의 감정을 더 깊이 흔든다.

나는 법이 사람을 위한 장치인 만큼, 좋은 드라마 역시 결국 사람을 이해하는 도구라고 믿는다. 그래서 법과 드라마가

드라마 만드는 사람

만나면, 아주 좋은 장르 드라마가 만들어진다.

리얼리티와 상상력의 경계에서

로맨스 드라마가 대세이던 2009년, KBS에서 방영된 〈파트너〉라는 법정 드라마에 참여했다. 처음에는 법학도로서 드라마에 필요한 자문과 자료를 찾아 정리하는 역할로, 이후에는 회차별 사건의 초기 구성을 맡게 되었다.

　당시 드라마 속 직업은 배경일 뿐 로맨스라는 장르가 중요했는데, 그런 흐름 속에서 〈파트너〉는 법정 공방 자체에 집중한 독특한 드라마였다. 방송사 내부에서도 '이게 통할까?' 하는 우려가 있었다. 무엇보다 한국은 미국처럼 법정에서 날 선 언쟁이 오갈 수 있는 구조가 아니었기에, '법정 드라마는 한국 정서에 안 맞는다'는 선입견이 견고했다.

　그 불안은 현실이 됐다. 초반 시청률은 저조했고, 조기 종영 논의까지 나왔다. 하지만 우리 팀은 흔들리지 않았다. 신인 작가들과 함께 매회 사건을 구성하고, 변론 논리를 세웠다. 반전 승소를 거두는 에피소드가 담긴 6회가 방영되던 날, 시청률은 오름세를 타기 시작했고, 시청자 반응도 긍정적으로 바뀌었다. 회를 거듭하며 쌓인 노력과 절박함이 화면 너머로 전달된 것이다.

그 무렵 나는 〈앨리 맥빌〉,〈보스턴 리걸〉,〈더 프랙티스〉 같은 미국 법정 드라마를 탐독했다. 처음엔 캐릭터와 에피소드 구성이 궁금했지만, 점차 '왜 이 장면은 이렇게 설정되었을까' 질문하며 작품 속으로 깊이 들어갔다. 더 이상 단순한 시청자가 아니라 창작자의 눈으로 감정과 구조를 동시에 읽기 시작하면서 콘텐츠를 보는 나만의 관점이 생겼다.

그런 나를 뒤흔든 작품이 하나 있다. 바로 SBS 〈너의 목소리가 들려〉*다. 처음 기획안을 받았을 때는 '타인의 속마음을 모두 들을 수 있는 인물이 있으면 법정 드라마의 긴장감이 사라지지 않을까?' 하는 우려가 있었지만, 결과는 전혀 달랐다. 이 작품은 법정이라는 구조 안에서 판타지적 상상을 밀도 있게 결합하며, '장르의 상상력'과 '전문 드라마'가 공존할 수 있음을 입증해 냈다.

* 사람의 마음을 읽는 신비한 초능력을 가진 소년과 속물 국선전담변호사가 만나 벌어지는 사건을 그린 드라마이다.

드라마 만드는 사람

특히 작가의 분명한 창작의 태도가 인상 깊었다. "어려운 법 용어를 쉽게 설명해 주는 판사를 캐릭터로 설정했다"는 작가의 인터뷰를 보고, '디테일을 포기하지 않으면서도 시청자를 사로잡는 상상력'이 얼마나 중요한지 새삼 깨달았다. 전문성과 대중성을 잇는 다리는 결국 사람에 대한 이해에서 비롯된다는 것을.

법은 결국 사람의 문제이고, 드라마 역시 사람을 이해하는 이야기다. 직업이 단순히 드라마의 배경이 아니라 사건과 감정의 본질이 되는 순간, 장르 드라마는 비로소 살아 움직인다. 그런 경험을 거치며 알게 되었다. 지나치게 전문적인 지식은 오히려 상상력을 가로막을 수 있고, 반대로 과도한 상상은 설득력을 해칠 수 있다. 중요한 건 '리얼리티와 상상의 경계'를 조율하는 감각이다. 전문성과 감정, 디테일과 상상 사이의 거리를 가늠할 수 있는 감각.

최근에는 실제 법조인이나 의사가 드라마 창작에 참여하는 경우가 늘고 있다. 현업 종사자의 감각은 디테일한 대사나 에피소드를 설계하는 데 누구보다 날카롭다. 나는 법과 의학을 넘어, 다양한 직군의 사람들이 자기 경험을 이야기로 풀어내는 시대가 오기를 바란다. 이야기의 재료는 언제나 삶의 현장에 있으니까. 그 현장을 가장 깊이 이해하는 사람들의 시선이 더 많아질 때, 장르 드라마는 새로운 변화를 맞을 수 있다고 믿는다.

드라마는 '욕망의 생로병사'

내가 드라마를 좋아하는 가장 큰 이유는, 인간의 욕망이 피어오르고 커지다가 결국 사라지는 전 과정을 적나라하게 보여주기 때문이다. 법이 인간의 선택을 기록한 아카이브라면, 드라마는 그 선택에 이르기까지의 고뇌와 충동, 망설임과 후회를 정서적으로 되짚는 장르다.

친한 작가님과 몇 년을 함께 회의하면서 가장 많이 들은 질문이 있다. "그래서, 이게 무슨 이야기인데?" 이 단순한 질문이 머릿속에서만 굴리던 아이디어를 내려놓고, 구체적인 이야기로 나아가게 만든다. 누가, 무엇을 원하고, 무엇이 그를 막고, 결국 어떻게 되는 이야기인가. 이 네 가지 질문에 명확히 답할 수 있어야 비로소 이야기가 된다.

내가 드라마를 정의한다면 이렇다. '드라마는 인생이 걸린 선택의 순간에 놓인 한 인간의 이야기다. 그리고 그 안에는 언제나 허위와 욕망이 꿈틀거린다.' 인물은 시험대 앞에서 본모습이 드러난다. 갈등 속에서 어떤 선택을 하느냐에 따라 그 사람의 성격과 세계가 드러난다. 때문에 강한 서사를 만들려면 인물이 그 상황을 어떻게 받아들이고 반응하는지를 설득력 있게 보여줘야 한다. 인상적인 대사 몇 줄로는 부족하다. 욕망이 서사의 원동력이 되어 긴장을 끌고 가야 하고, 감정이 폭발해야 하며, 그 파동이 시청자에게 가닿아야 한다. 그게 서사이고, 곧 드라마다.

　나는 극 중 인물과 씨름하며 글을 써 내려가는 작가들의 모습을 사랑한다. 며칠을 붙잡고도 대사를 찾지 못해 기름져 버린 머리카락, 풀리지 않는 장면에 산발이 된 채로 앉아 있는 모습, 하염없이 붙들고 늘어진 한 문장과 늘어난 티셔츠…. 그 황량한 작업의 흔적을 보며 나는 오히려 깊은 애정을 느낀다. 그건 누군가의 삶을, 욕망을, 진심을 꿰뚫어보려는 치열한 시간이다. 나는 그런 사투에 기꺼이 함께하고 싶다.

　최근에 다시 읽은 도스토옙스키Dostoevskii의 『카라마조프가의 형제들』과 위화余華의 『인생』 속에서도 모든 인물의 욕망은 일그러져 있었다. 그런데 이상하게도 단 한 명도 미워할 수가 없었다. 그들의 복잡한 욕망과 모순은 내 안에도 있었기 때문이다. 그걸 알아차리는 순간, 나는 더는 '타인의 이야기'를 쓰는 사람이 아니었다.

드라마는 인간을 있는 그대로 받아들이는 예술이라고 생각한다. 그 불완전함을 있는 힘껏 감싸안는 것이 이 작업의 핵심이다. 그래서 나는 완벽한 사람보다는 서로의 부족함을 인정하고 함께 채워가는 사람들과 일하고 싶다. 때로는 내가 다 헤아리지 못한 인물의 마음을 누군가가 대신 짚어주기도 하고, 내가 감지하지 못한 이야기의 결을 팀이 함께 발견하기도 한다. 그렇게 서로의 감각과 부족함이 맞물리는 과정 속에서, 한 편의 드라마가 완성된다.

고립이 필요한 순간

어느 날 한 작가가 말한 적이 있다. "방송이 끝나고 나면 몇 주간은 아무것도 하지 않은 채, 유리창 너머 세상을 멍하니 바라보며 지낸다"고. 100부작 일일극, 50부작 주말극이 전성기였던 시절, 방송을 시작하면 반년 이상은 그 작품만 붙잡고 살아야 했다. 그 긴 시간 동안 온몸과 감정을 쏟아부은 사람에게는 텅 빈 시간이 필요하다. 마음속에 남은 아쉬움, 미처 가지 못한 방향에 대한 반성과 복기를 끝내고 나서야 비로소 스스로를 다독일 수 있는 에너지가 생긴다.

기획하는 일도 다르지 않다. 쏟아지는 콘텐츠를 읽고, 보고, 대화를 나누는 데 에너지를 쓰고 나면, 다음 작품으로 향하기 전 나만의 '자정 시간'이 필요하다. 그렇지 않으면 기획은 결국 어디선가 본 듯한 장면들, 들어본 듯한 이야기 속을 맴돌고 만다. 깊은 사고와 집중에는 많은 에너지가 든다.

　그래서 의도적으로 새로운 자극을 끊는 시간을 가진다. 일의 특성상 생각을 비우는 것이 쉽지 않기 때문에, 일부러 외부의 정보나 감각을 차단하고, 생각과 감정의 침전물이 가라앉기를 기다리는 것이다. 그러다 고요히 떠오르는 것들에 집중한다. 처음엔 얄팍한 흥미나 피상적인 인상만 떠오르지만, 시간이 지나면 차분하게 복기할 수 있게 된다. 구상하고 있던 인물 하나, 사건 하나씩. 회의 중 적어둔 메모를 정리하며 미처 읽지 못한 책이나 영상들을 천천히 되짚게 된다.

　때로는 한 편의 작품을 단락단락 집요하게 쪼개어 분석하기도 한다. 대사의 뉘앙스 하나, 인물의 표정, 지문의 호흡까지 전혀 새롭게 다가온다. 그렇게 나만의 방식으로 소화해야만 그 작품은 내 것이 된다.

　트릭이나 설정으로 인물의 감정선을 감추는 기획을 즐기던 내가 '고요한 고립' 속에서 다시 문학적 감수성을 회복한

　　　　　　　　　드라마 만드는 사람

다. 인간관계, 사회, 환경 속에서 벌어지는 수많은 이야기를 다루기 위해서는, 인간다움에 대한 감각이 필요하다. 선과 악, 그 모호함과 복잡성을 이해할 수 있어야 한다. 그래서 제작자의 입장이 아닌 감상자의 입장에서, 작가의 의도를 온전히 느끼고, 거기서 감동받는 시간이 필요하다.

이 고립의 시간은 일뿐만 아니라 사적인 영역에도 꼭 필요하다. 이야기 속 타인의 고통을 이해하려 애쓰지만, 정작 가까운 사람의 감정은 놓치고 살기 때문이다.

뒤늦게 알게 된 친구의 생일에 조심스럽게 문자를 보내고, 축의금만 전했던 후배의 신혼 에피소드를 들어주고, 회사 오픈을 축하하러 먼 길 온 친구들의 일상 대화에 웃으며 고개를 끄덕인다. 얼굴 보러 찾아온 동생 부부에게는 내가 해주고 싶던 음식들을 이것저것 차려낸다. 최근엔 사무실로 찾아온 미술감독님과 조용히 차를 마시며 각자 생각에 잠기는 순간을 어색하지 않게 받아들이려고 했다. 유행을 좇는 검색을 멈추고, 음악을 들으며 가만히 앉아 있는 시간을 가져보았다.

어쩌면 아주 평범하고 자연스러운 것들이지만 한 가지 일에만 몰입한 채 살다 보면 종종 놓치게 되는 것들이다. 커리

어적으로는 분명 경력을 쌓아왔지만, 일상이란 장면에선 여전히 시행착오 중이다.

그렇게 보내는 시간들 속에서 잊고 있었던 내 취향과 욕망이 문득 되살아나기도 한다. 갑자기 발현된 욕망에 이끌려 필요 없는 물건들을 충동구매하거나, 회색과 검정뿐이던 옷장을 알록달록한 색으로 채워보기도 한다. 고립 속에서 피어난 욕망은, 한편으론 무뎌진 감정을 되살리기 위한 몸부림이기도 하다. 그 고요함 속에서 나는 스스로를 재촉하지 않아도 될 '핑계'를 찾아낸다. 그렇게 찾은 여유로 인해, 작품 속 감정과 내 실제 삶의 감정 간의 괴리를 좁힐 수 있기를 바란다. 감정이 메마르지 않기를, 인간에 대한 감각이 퇴화하지 않기를 바라면서.

그렇게 이어지던 고립의 시간은 때때로 뜻밖의 계기로 끝이 난다. 가장 최근 계기는 작가님이 권한 한 권의 책 『야성의 부름』이었다. 작가님은 중고 서점에서 우연히 책을 발견하고 제목에 이끌려 단숨에 읽었다고 했다.

"사람이 아닌 '벅'이라는 개에게 입감됐어. 감정이 막 몰입되더라고."

그 말에 곧바로 책을 사서 읽었다. 이야기의 주인공은 인간이 아닌 개 '벅'. 편안한 삶을 살던 그가 썰매 개로 팔려 가며 수많은 인간을 거치다가, 결국 끊임없이 들려오는 야성의 부름에 응답하게 되는 이야기다. 책은 단숨에 읽혔고, 나는 책을 덮자마자 작가님께 회의 일정을 잡자고 연락 드렸다.

3

작 품 을

완 성 하 는

것 들

보고 읽은 것이 레퍼런스가 된다

이야기의 원형

오래도록 회자되는 이야기에는 특정한 감정 구조와 서사 공식을 지닌 '원형'이 존재한다. 일명 '클래식'이라 불리는 이 이야기들은 시대가 바뀌어도 여전히 소비되고, 새롭게 변주된다. 예를 들면, '금지된 사랑'이라는 서사의 원형은 〈로미오와 줄리엣〉에서 시작되어 〈노트북〉, 〈브로크 백 마운틴〉 같은 현대 콘텐츠로 이어지고, '평범한 자아의 성장과 깨달음'은 〈오즈의 마법사〉나 〈작은 아씨들〉처럼, 오늘날에도 많은 드라마나 영화 속 주인공 여정의 뼈대가 된다.

최근 흥행한 콘텐츠를 보면, 이러한 익숙한 이야기 구조에 당대의 시선, 조명받지 못했던 인물군, 젠더·계급·감정에 대한 새로운 질문을 더해 신선하게 만들어낸 경우가 많다. 결국 기획이란, 누구나 알고 있는 감정이나 상황에서 출발하지만, 그 안에 숨은 인물의 선택과 갈등, 그리고 예상 밖의 전개를 통해 익숙함을 낯설게, 클리셰를 새롭게 만드는 설계다.

기획자가 수많은 이야기를 접하는 이유 중에는 뻔한 것을 피하기 위함도 있다. 이미 세상에 나왔던 이야기 구조, 익숙한 캐릭터 구성, 자주 쓰였던 장면을 반복하지 않으려 애쓴다. 익숙한 이야기일지라도 새롭게 느껴지길 바라는 것은 창작자와 관객 모두의 욕망일 것이다.

시청자에게 예측 가능한 장면, 클리셰적인 대사의 반복으로 느껴진다면 흥미를 잃을 수밖에 없다. 작품의 완성도가 좋아도 '너무 익숙하다'는 인상을 주면 외면당하기 마련이다. '올드하다'는 인상은 창작자로서 내가 가장 경계하는 것이다.

나이가 어리다고 반드시 젊고 세련된 시각을 가진 것도 아

드라마 만드는 사람

니다. 경험이 많다고 무조건 보수적이거나 진부한 것을 선호하는 것도 아니다. 한번 세상에 나온 아이디어는 빠르게 낡기 때문에 서사를 전달하는 방식에서 끊임없이 고민하지 않으면 안 된다.

반대로, 모두가 진부하다고 생각했던 이야기라도 전혀 새로운 해석과 공감을 이끌어내면 대중의 뜨거운 반응을 얻는다. '클리셰'라 여겨지던 설정 속에서 새로운 감정의 진폭을 건드리는 창작자의 시선이 담기면 이야기는 살아난다.

기획자는 작가가 하고 싶은 이야기의 방향성과 어조를 기억하고, 그것에 적합한 캐릭터와 에피소드, 장면은 무엇일지 끊임없이 떠올린다. 전형성과 비전형성 사이에서 어떻게 균형을 잡고, 어디서 비틀어야 새로운 울림을 만들 수 있을지 함께 고민한다.

이미 세상에 나와 익숙해진 원형을 반복한다면, 아무리 큰 제작비와 시간을 들여도 결국 '또 하나의 작품'으로 스쳐 지나간다. 기획자에겐 늘 한 발 더 나아간 '이야기 그 이상'을 꿈꾸는 태도가 필요하다. 그래야만 새로운 고전이 탄생할 수 있다.

작품 컨셉과 톤을 설명하는 예시

이야기의 원형은 '하고 싶은 핵심 이야기'와 '이야기의 방향성'을 정리할 때 레퍼런스가 되어 준다. 작가, 연출자, 프로듀서가 같은 방향을 바라보고 있다고 해도 실제로 각자가 떠올리는 것은 제각각일 때가 많은데, 이미 널리 알려진 콘텐츠를 '감 잡기'의 도구로 삼는 것이다. 인상 깊게 봤던 이야기의 인물, 감정, 딜레마에 대해 함께 나누다 보면 추상적으로만 느껴졌던 인물과 플롯이 어느새 구체성을 띤다. 그래서 작품의 중심 정서를 설명하거나, 기획 단계에서 창작자들과 감각을 맞추기 위해 나는 자주 레퍼런스를 제안한다.

이전에 한 웹툰 IP를 기획할 때였다. 작품의 핵심 컨셉은 '가장 친밀한 가족·부부 관계에 침투한 일상의 저주에서 벗어나려는 한 여성의 이야기'였고, 이를 설명하기 위해 다음 여섯 편의 영화를 레퍼런스로 삼았다. 〈나이브스 아웃〉, 〈유전〉, 〈팬텀 스레드〉, 〈캐리〉, 〈언더 더 스킨〉, 〈블랙스완〉. 이 레퍼런스들은 서로 장르도 스타일도 전혀 다르지만, 기획자로서 내가 추출한 포인트는 다음과 같았다.

- 〈나이브스 아웃〉과 〈유전〉은 가족의 공간과 관계를 배경으로 벌어지는 감정적 불안과 위협을 일상적인 서스펜스로 치환하는 방식이 인상적이었다. 관계 속 감정 폭력과 누적된 비밀이 어떻게 장르적 긴장감을 만들 수 있는지를 보여주는 작품이었다.

- 조나단 글래이저Jonathan Glazer 감독의 〈언더 더 스킨〉은 외적으로는 성공적이고 화려해 보이지만, 그 내부에 잠복한 인간의 불안과 슬픔을 무표정하고 차가운 미장센으로 표현한다. 텅 빈 쇼핑몰의 회색 빛, 외계인의 눈을 통해 보는 인간의 나약한 몸짓 같은 장면들은, 내가 구상한 인물이 정서적으로 텅 빈 상태를 시각화하는 데 영감을 주었다.

- 〈캐리〉와 〈블랙스완〉은 저주와 맞닥뜨린 주인공이, 그것을 극복하며 자아의 각성을 이루는 '변이의 서사'를 보여준다. 이 작품들은 주인공의 내면적 폭발을 표현하는 데 참고했다.

- 〈팬텀 스레드〉는 친밀한 관계 안에서 생기는 억압과 애증, 통제와 저항감을 섬세한 긴장감으로 그린다. 이를 통해 캐릭터 간에 감정이 흐르고 부딪히며 변화하는 순간들을 어떻게 다룰지 배울 수 있었다.

기획은 이렇게 다양한 감정의 질감과 이미지, 서사의 구조를 탐색하는 과정에서 한 걸음을 내딛는다. 물론 이후에는 작가와 연출의 해석, 캐릭터와 사건의 확장, 방향성의 수정 등 수많은 변화가 생기기 마련이다.

그럼에도 불구하고, 기획자로서 '내가 이 이야기를 왜 해야 하는가?', '무엇을 말하고 싶은가?'라는 근원적인 질문에 스스로 확실한 답을 갖고 있어야만 한다. 그 답이 있어야만 레퍼런스도 설득력을 갖고, 팀 전체가 같은 방향을 향해 나아갈 수 있다.

이미지가 실체가 되기 위해

연출자와 함께 기획 중인 오리지널 SF 드라마가 있다. 이야기의 중심 주제는 '기억'이다. 문제는 '기억'이라는 비물질적인 개념을 어떻게 시각적인 '이미지'로 구체화할 수 있을까였다. 대본에는 반드시 등장인물의 감정, 상황, 배경이 생생히 전달될 수 있는 지문이 필요하고, 연출은 이를 토대로 세계를 조립해 나가야 한다. 그러므로 추상적인 것을 다루는 이야기일수록, 구체적인 시각 언어가 필요하다.

우리는 초기 단계부터 치열하게 이미지 회의를 거듭했다. 기본적인 영화 레퍼런스로는 〈엣지 오브 투모로우〉의 기억 루프 구조, 〈존 말코비치 되기〉의 타인의 뇌 안으로 들어가는 감각, 〈이터널 선샤인〉의 감정과 기억이 삭제되는 시각화 방식 등을 참고했다.

하지만 단지 장면 구성을 넘어서, 더 본질적인 감정의 이미지를 탐색하고 싶었다. '기억 속에 머무는 인물'의 시각적 인상과 정서를 표현하기 위해, 미술의 세계로 건너가 보기도 했다. 조르주 쇠라Georges Seurat의 점묘화에서는 고요하지만 서로에게 닿지 못한 인물들의 고립감을, 매그너스 플레센Magnus Plessen의 그림에서는 불완전한 신체와 왜곡된 공간이 만들어내는 불안한 기운이라는 정서적 단서를 찾을 수 있었다.

또한 영화 〈더 리더〉의 한 장면을 활용해 보기도 했다. 젊은 남자가 이불도 정리되지 않은 침대를 뒤로하고 첫사랑의 집을 나선 후, 이른 아침의 텅 빈 거리 위를 천천히 걸어가는 장면을 참고했다. 차가운 공기, 발밑을 스치는 빛, 주변 소음이 사라진 듯한 정적 속에서 인물의 표정에는 고요하지만 선명한 상실감이 드러난다. 나는 그 장면을 차용해 드라마 인트로 시퀀스를 구성해 보았다. 인물이 문을 열고 들어가는 순간, 현실의 풍경이 기억 속의 어떤 공간으로 자연스럽게 전환되며, 기억과 현실이 맞닿는 순간을 시각적으로 보여주는 것이다.

이미지는 단지 장면을 예쁘게 만드는 수단이 아니라, 이야기의 정서적 핵심을 시청자에게 전달하는 가장 강력한 언어다. 그래서 기획과 대본 단계에서부터 이미지에 대한 구체적인 상상과 감각이 필요하다.

그렇기에 기획자는 작가가 구체적인 언어를 갖추기 전, 연출자가 실제 구현에 들어가기 전에 '보이지 않는 것'을 먼저 그려볼 수 있는 사람이어야 한다.

고유한 시선이 있어야 내 작품

기획은 언제나 선택의 결과다. 누구와 무엇을 이야기할 것인지, 어떤 감정에 반응하고 어떤 방향으로 변주할 것인지는 결국 기획자의 고유한 시선에서 비롯된다.

훌륭한 콘텐츠를 볼 때 우리는 흔히 '작감배(작가·감독·배우)의 조화'를 이야기하지만, 정작 관객의 마음을 먼저 흔드는 건 바로 창작자의 고유한 시선이 담긴 세계다. 특정 장면이나 대사, 이미지 하나만으로도 '아, 이건 그 사람 작품이구나' 하고 느껴지는 순간이 있다. 예를 들어 드라마 〈나의 아저씨〉를 처음 봤을 때, 한 장면, 한 줄의 대사만으로도 '이건 그 사람의 작품이구나'라는 확신이 들고, 그 순간부터 그 작가가 이번엔 어떤 세계를 보여줄지 기다리게 된다. 이처럼 창작자의 진정성은 결국 대중에게도 전해진다. 그리고 그 진정성이 일관된 시선과 감정으로 고유하게 표현될 때, 비로소 우리는 '그 사람만의 작품'을 기억하게 된다.

프로듀서는 작가나 감독처럼 전면에 나서지 않기에 '나만의 고유성'에 대해 의문을 품기도 할 것이다. 그러나 기획의 축적은 곧 시선의 축적이다. 어떤 장르에 끌리고, 누구와 일하며, 어떤 주제를 반복해 꺼내는가를 돌아보면, 프로듀서 역시 자신만의 색을 지니고 있음을 알게 된다. 여러 작품에 걸쳐 일관되게 드러나는 감정과 질문이야말로 그 사람만의 고유한 창작 세계를 증명하는 증거다.

중요한 것은 무에서 유를 창조하는 것이 아니다. 이미 수많은 콘텐츠에 깔려 있는 감정과 이야기의 '원형'을 인식하고, 그 위에 자신만의 해석과 질문을 덧입히는 것. 기획자는 익숙한 플롯을 새롭게 비틀거나, 보편적인 감정에 의외의 것을 입혀 관객의 예상을 흔드는 선택을 한다. 예를 들어, 넷플릭스 〈블랙 미러〉*는 '기술이 인간을 편리하게 만든다'는 전제를 뒤집어, 오히려 인간성의 경계와 감정의 윤리를 시험하는 이야기로 풀어낸다. 애플 TV+의 〈세브란스〉**는 '직장과 사생활을 분리한다'는 일상적 바람을 극단적인 설정으로 확장해, 기억과 존재의 정체성에 대한 근원적 질문을 던진다. 두 작품 모두 익숙한 개념을 낯설게 변주하며, 새로운 감정의 경험을 설계한 대표적 사례다.

　기획자는 보편성과 새로움 사이에서 어떤 감정에 집중할지, 어떤 문법을 벗어날지를 고르는 이 감각으로 자신의 고유

---

* '기술이 인간을 어떻게 타락시키는가'를 탐구하는 옴니버스 형식의 SF 드라마다.
** 직장 안팎의 자아를 분리하는 '단절 수술'을 받은 직원들의 이야기를 그린 서스펜스 드라마다.

성을 증명한다.

콘텐츠 기획이란 알고 있는 이야기 속에 '한 사람을 향한 나의 시선'을 어떻게 담아낼 것인가에 대한 고민이다. 읽고, 보고, 사랑한 작품들이 나의 출발점이자 기준이 된다. 그 감정의 파동을 놓치지 않고 끝까지 설계해 낸다면, 비로소 그것은 '내 이야기'가 된다.

대본을 보는 눈

한 씬에 모든 것이 있다

작가의 재능은 누가 만들어주는 것이 아니라, 발견되는 것이라 믿는다. 내가 생각하는 프로듀서의 역할은 작가의 세계를 조명하고, 그들의 강점을 가장 빛나는 방식으로 드러내는 것이다.

대본은 온전히 작가의 것이다. 프로듀서가 아이디어를 제안하고, 토론하며 서사의 구조를 함께 다듬을 수는 있다. 그러나 감정의 흐름에 따라 씬 하나, 대사 하나를 살아 숨 쉬게 하는 일은 결국 작가의 몫이다.

한번은 어떤 대본을 읽는데 한 씬만으로 눈길을 사로잡은 작가가 있었다. 그 대본 속 주인공은 반항심이 많고 늘 싸움을 일삼던 소녀였는데 할머니와 '다시는 싸우지 않겠다'는 약속을 한 뒤 친구들에게 구타를 당하는 장면이 있었다. 얼굴이 발에 짓밟히고 흙바닥에 파묻히는 순간까지도 주인공은 싸우려는 충동을 억누르고 있었다. 그 씬에는 절제된 감정과 강한 인내의 감각이 응축되어 있었다. 한 문장도 허투루 쓰이지 않은 밀도 있는 문장들에 나는 깊이 감탄했다. 그 작가는 이후에도 진심이 담긴 대본으로 여러 작품에서 좋은 성과를 이어갔다.

또 다른 작가와 작업하던 대본에는 딸을 잃고 슬픔에 잠긴 아버지의 장례식 씬이 있었다. 대본 초고에서는 무릎 꿇고 울부짖는 묘사가 중심이었는데, 나는 오히려 '울지 못하는 상태'가 감정적으로 더 강력하다고 느꼈다. 나는 작가에게 말했다.

"울지 않는 사람이 알고 보면 가장 무너져 있는 경우도 있더라고요. 감정이 막혀 있을 때의 공백이 화면에서는 더 아프게 느껴질 수 있어요."

그때 나는 영화 〈맨체스터 바이 더 씨〉를 떠올렸다. 주인공 리(케이시 애플렉)는 형의 죽음이라는 엄청난 상실을 겪고도 거의 눈물을 흘리지 않는다. 오히려 말없이 방 안에 앉아 있거나, 누군가의 질문에 격한 반응을 보이며 자리를 피하는데 그 모습을 통해 그의 감정이 얼마나 깊이 고장 났는지를 알게 된다. '울지 못하는 상태'가 오히려 더 강력하게 관객의 감정을 흔든다. 나는 그 장면을 예로 들며, 감정의 폭발보다 더 깊은 고요의 강도에 대해 작가와 논의했다.

이렇게 수정된 장면은 극 중 아버지가 아무 말 없이 의자를 한 번, 두 번 밀어내는 행동으로 완성되었고, 그 정적 속의 감정은 오히려 더 깊게 침잠하게 했다.

감정이란 설명보다 배치이고, 밀도이고, 누적이다. 좋은 대사는 단지 예쁜 문장이 아니라, 그 인물이 견디고 겪은 시간을 통과한 결과여야 한다. 그리고 그 감정이 오롯이 전달되려면, 씬의 배열, 사건의 강도, 침묵과 대사의 호흡까지 고민해야 한다.

드라마 만드는 사람

또 하나 기억에 남는 작가는 〈커넥트〉를 함께 작업했던 일본의 나카무라 마사루다. 그는 인물의 감정을 정교하게 쌓아올리는 작가라고 보기는 어려웠다. 하지만 사건을 상상하고 인물을 특수한 상황으로 몰아넣는 구상력만큼은 누구보다 탁월했다. 그런 작가와 작업할 때, 나는 언제나 약점을 메우는 방향으로 접근한다. 마사루 작가가 미처 다 채우지 못한 감정씬은 보완해 주고, 반대로 작가가 가진 감정을 극대화하는 것이다. 이 믿음을 바탕으로 맺어진 관계 안에서 비로소 공동 창작이 성립된다.

작가마다 이야기를 짓는 방식은 다양하다. 누군가는 감정의 깊이로, 또 누군가는 상상력의 도발성으로 이야기를 만든다. 그럴 때 프로듀서는 문장 너머의 가능성을 본다. 한 씬을 보고, 한 대사를 듣고, '이 사람이라면 끝까지 함께 가도 좋겠다'고 판단할 수 있는 직관과 신뢰가 결국 프로듀서의 안목이다.

서두르지 않는다

내가 아는 좋은 작가들의 공통점이 있다면, 결코 서두르지 않았다. 아이디어가 떠오르는 순간 곧장 써내려 가기보다, 그 생각이 어디서 비롯됐는지 천천히 되짚었다. 글은 생각의 깊이를 고스란히 드러낸다. 뿌리가 얕으면 하루에 수십 장을 써냈다고 해도 단단한 줄기와 열매를 기대하기 어렵다.

초고부터 완성도가 높게 느껴지는 경우는 드물다. 만약 그렇다면, 그 작가는 이미 글을 쓰기 전 충분히 인물과 세계를 파고들었다는 뜻일 것이다. 생각 없이 쓴 초고는 금세 드러난다. 전체 구조나 중심축 없이 성급하게 내뱉은 대사는 인물의 감정을 따라가지 못하고, 이야기는 중간에 무너진다. 신인 작가의 대본에서 흔히 보이는 경향이다. 처음엔 흥미롭게 시작했지만 4회쯤 가면 이야기의 중심이 흐려지고, 그 이후에는 갑자기 새로운 인물과 사건이 등장해 본론에서 멀어진다. 목적지도 없이 출발한 여행이 중간에 내비게이션을 잃고 방황하는 것과 같다. 그럴수록 제작비 또한 기하급수적으로 늘어난다.

서사는 단순히 사건의 나열이 아니라, 사건이 감정을 낳고, 감정이 다시 사건을 불러오며 리듬을 만들어내는 유기적인 것이다. 그렇기 때문에 그 과정은 직관이 아니라 구조와 계산,

끊임없는 점검의 영역이다. 플롯을 어떻게 배치하고 감정을 어떻게 쌓아갈지 설계하는 데에는 시간이 걸릴 수밖에 없다.

　이러한 과정을 겪는 작가 옆에는 프로듀서라는 조력자가 필요하다. 시선을 함께 바라봐주고, 길을 잃을 때 다시 질문을 던져주는 존재. 집을 설계도 없이 지을 수 없듯, 이야기를 지을 때도 객관적 시선이 필요하다. 감정의 흐름이 매끄럽지 않을 때 다시 균형을 잡아주고, 이야기가 길을 잃지 않았는지 점검하는 사람. 건축 현장의 '현장 감리자' 같은 사람이다.

　나는 "영감이 올 때만 쓴다"는 말로 책임을 미루는 작가와는 함께하기 어렵다. 책상 앞에 고집스레 앉아 인물의 감정을 묻고 듣고 다시 답하려 애쓰는, 그런 집요한 시간이 쌓일 때만 모호한 이야기 속에서 한 걸음 더 들어갈 수 있다. 기다릴 줄 아는 작가, 그리고 함께 점검하는 프로듀서. 그 두 사람이 함께할 때, 비로소 깊이 있는 이야기가 완성된다.

따로 또 함께 써가는 이야기

장편 드라마는 수많은 인물과 사건, 감정이 어우러진 장대한 오케스트라다. 작가 한 사람이 모든 악보를 써낼 수 있다면 좋겠지만 현실은 다르다. 구조를 설계하는 능력, 장면을 설득력 있게 짜는 감각, 인물의 언어를 살리는 리듬감, 감정을 쌓아가는 서사력, 이 모든 걸 한 사람이 완벽히 해내기는 쉽지 않다. 그래서 좋은 작가는 자신의 한계를 안다. 더 좋은 이야기를 위해 다른 작업자의 제안을 받아들이고, 함께 쓰는 방식을 택할 줄 안다.

현장에서는 또 다른 리듬이 있다. 연출지의 호흡, 배우의 감정, 현장의 공기와 속도는 글 위의 감정선과 다를 때가 많다. 때문에 초고의 감정을 믿되, 그 감정이 살아 움직일 수 있도록 유연하게 조율하고 응답하는 과정이 필요하다. 그렇다고 수정 요청을 기계적으로 반영하는 것은 좋지 않다. 작가라면 '왜 수정해야 하는가', '왜 수정할 수 없는가'를 스스로 물으며 써야 한다.

집필 방식은 장르와 작법에 따라 천차만별이다. 강한 설정과 반복되는 구조 중심의 시트콤, 추리극, 미스터리물 등은 공동 집필이 수월하다. 인물이 동일한 배경에서 다양한 사건을 겪으며 변주되는 구조이기 때문에 캐릭터의 일관성을 유지하며 아이디어를 나누기 좋다. 반면, 감정 중심의 드라마는 인물의 감정과 판단이 서사 방향을 결정짓는다. 때문에 그 인물의 고통과 변화를 책임지고 끌고 갈 수 있는 메인 작가가 반드시 필요하다. 공동 집필인 경우라면 각 회차마다 감정선의 주도권을 가진 집필자를 정하는 것이 효과적이다.

작가는 자기 머릿속에 떠오른 세계를 글로 구현하는 사람이기 때문에 고집스러울 수밖에 없다. 그러나 그 고집이 인물의 감정과 사건, 나아가 작품의 결말을 향한 것이라면 필요하다. 협업은 타협이 아니라 '같은 배를 띄우는 일'이다. 서로 다른 시선과 고집이 부딪히고, 질문과 설득이 오간 끝에 어느 날, 회의에서 나눈 이야기를 훌쩍 뛰어넘는 대본이 도착할 때가 있다. 그때의 전율은 말로 다 할 수 없다.

행간의 중요성

작품이 기대만큼의 반응을 얻지 못했을 때, 종종 연출자나 배우들이 "우리는 작가의 대본 그대로 찍고, 그대로 연기했다"고 말하는 경우가 있다. 그 말은 실패의 원인을 대본, 다시 말해 '글을 쓴 사람'의 책임으로 돌리는 변론이다. 틀린 말은 아니지만 전부 옳은 것도 아니다.

대본은 주요한 설계도다. 하지만 설계도에 모든 감정과 주인공을 둘러싼 분위기가 전부 설명되지는 않는다. 작가는 인물의 동기와 감정선을 글로 표현하지만, 그 너머의 정서, 리듬, 분위기는 결국 함께 읽고 상상해 내는 사람들의 몫이다.

어느 작품에서는 아버지가 오랜만에 집에 돌아와 아들과 함께 라면을 먹는 장면이 있었다. 관계가 어긋난 두 사람이 주고받는 대사와 지문은 단순했다.

아버지　　아들, 뜨겁지 않냐.

아들　　괜찮아.

서로를 쳐다보지 않고 후루룩 먹는다.

그러나 이 장면을 어떻게 보여줄지는 연출자에게 달렸다. 짧아서 금방 잊혀질 장면이, 누군가의 손을 거치면 부자 간의 서로를 향한 담담한 애정, 조용한 관계의 회복이 느껴져 오래 기억된다.

같은 대본이라도 어떤 시선으로 인물을 바라보는가, 어떤 호흡으로 연기하고 어떤 리듬으로 찍는가에 따라 결과물은 전혀 다른 결을 갖게 된다. 그래서 나는 작가와의 대화를 절대 가볍게 넘길 수 없다. 인물의 감정, 장면의 의도, 대사의 결, 그 작은 뉘앙스 하나까지도 서로 정확히 공유하고 이해하고 있어야만 한다. 오해가 곧 오답을 만들기 때문이다.

'행간을 읽는 능력'이 중요한 이유다. 행간이란 단지 글 사이의 여백이 아니다. 거기에는 작가가 다 담지 못한 감정, 말로 표현되지 않은 눈빛, 지문에 적히지 않은 분위기와 정서, 그리고 인물 간의 응어리진 기류가 있다. 그걸 느끼고 읽고 채워서 촬영할 수 있는 팀이라면 작품의 완성도가 높아진다.

장편을 쓰는 작가라면 긴 집필 기간 동안 길을 잃는 순간이 찾아오기도 한다. 그럴 때, 작가와 인물을 함께 껴안고 있는 연출자나 프로듀서가 서사의 나침반이 되어 준다. '간섭'이 아니라, 함께 걷는 사람으로서의 '책임'으로서 말이다.

그래서 드라마는 혼자 만드는 것이 아니다. 각자의 시선이 어긋나는 순간에도, 그 어긋남이 오히려 작품을 더 풍부하게 만드는 찰나가 있다. 서로가 서로에게 시너지가 될 때, 우리는 함께 '살아 있는 이야기'를 만들 수 있다.

잘 쓴 대본의 규칙

좋은 대본이란 주인공이 어떤 상황에 처해 있는지 쉽게 이해되고, 인물의 감정에 자연스럽게 따라가게 되고, 이야기의 구조가 단단하게 느껴지는 대본이다. 이를 충족한다면 오랜 시간 고민과 집요한 수정을 거쳐 완성된 대본일 가능성이 높다. 쉽게 읽히는 대본 너머에는 수없이 쓰고 버린 흔적들이 있을 것이다.

좋은 드라마 대본에 대한 나만의 기획 규칙들을 정리해 보자면 이렇게 말할 수 있겠다.

① 인물을 움직이는 사건을 설계하라

좋은 대본은 인물이 움직일 수 있는 강력한 내적 동력을 필요로 한다. 그 힘은 윤리적 시험대에 올려진 구체적인 사건에서 비롯된다. 인물이 무엇을 선택하고, 어떤 행동과 대사로 반응하는지를 명확하게 설계할 수 있어야 한다. 사건은 단지 상황이 아니라, 감정이 움직이게 만드는 동력이어야 한다.

② 드라마는 '보여주는' 예술이다

소설과는 다르게, 드라마에서는 인물의 감정이나 생각을 지문이나 내레이션으로 설명할 수 없다. 주인공의 내면을 '말'이 아닌 행동과 말투, 눈빛과 선택으로도 보여주어야 한다. 생각을 전달하기 위해 나레이션에 의존하거나, 설명적인 대사로 감정을 해설하려 해서는 안 된다.

③ 병렬적 장면 나열은 피하라

인물 캐릭터를 보여주기 위해 비슷한 톤의 장면들을 병렬적으로 나열하는 것은 오히려 인물의 힘을 약화시킨다. 매 장면은 다음 장면으로의 정서적·서사적 흐름을 품고 있어야 하며, 어떤 장면도 의미 없이 흘러가지 않도록 세심하게 구성해야 한다. 장면마다 인물의 목표와 갈등, 작지만 분명한 감정의 진전이 담겨 있어야 한다.

④ '정보 전달'이 아닌 '감정의 속도'다

사건을 구성할 때, 대사나 상황이 단순한 정보 전달로 머무르지 않도록 주의해야 한다. 모든 드라마의 스피드는 결국 감정의 속도다. 정보보다 감정이 우선이며, 감정의 흐름이 자연스럽게 정보를 품게 해야 한다. 감정 중심의 작품이라 할지라도, 한 회 안에서 기승전결을 이루며 감정의 흐름이 상승하고 변화하여 엔딩까지 도달해야 한다.

⑤ 작가에겐 밀도, 프로듀서에겐 설득력이 필요하다

작가는 자신이 쓰는 대본에 대해 허들을 높여 더 밀도 높은 장면을 써야 한다. 한 장면, 한 대사에 대한 집착과 정교한 고민이 대본의 설득력을 결정하니까. 한편 프로듀서는 대본에서 어떤 감정을 어디에 어떻게 쌓고 있는지를 파악한 뒤 작가가 밀도를 높일 수 있는 구체적인 피드백을 줘야 한다.

단순히 '캐릭터가 이상하다'거나 '매력이 없다'는 말은, 이미 머릿속에서 완성된 대본을 쓴 작가에게 설득력이 없다. 대사의 리듬, 장면의 구성, 인물 간의 긴장, 이 모든 요소를 함께 고민해야 진정한 피드백이 가능하다.

원작을 고르는 관점

원작이 있는 작품을 선택하는 이유

콘텐츠를 기획하고 제작하는 데는 생각보다 훨씬 많은 시간과 자원이 든다. 초기 아이디어에서부터 대본 집필, 개발, 제작 승인, 그리고 편성이나 투자 확정까지 수년이 걸리는 경우도 많다. 그렇기에 최근 업계에서는 이미 독자의 반응으로 일정 부분 검증된 원작 IP에서 출발하는 기획이 점점 더 주목받고 있다.

원작 IP 기반의 기획에는 몇 가지 분명한 장점이 있다. 우선, 이미 완성된 이야기 구조가 있고, 캐릭터의 매력이 보장되었다는 점에서 기획 단계에서의 불확실성을 줄일 수 있다. 또한 원작 팬층이 존재하기 때문에 초기부터 마케팅과 홍보 전략을 세우기에 비교적 수월하며, 투자자나 방송사를 설득하기에도 용이하다. 빠른 성과와 명확한 반응을 요구받는 플랫폼 시대의 프로듀서와 제작사 입장에서는 안정적이면서도 전략적인 선택일 수밖에 없다.

또 하나는 IP를 어떻게 해석하고 구현할지에 따라 프로듀서의 주체성도 강화될 수 있다는 점이다. 단순히 원작을 그대로 따르는 것이 아니라, 각색하면서 작품 속 감정과 구조를 새롭게 발견해 확장해 나갈 수 있기 때문에 창조적으로 프로듀싱할 수 있는 영역이 존재한다.

작가나 감독이 원작을 토대로 방향을 주도하기도 하고, 반대로 프로듀서가 명확한 해석과 비전을 갖고 리드하는 경우도 있다. 특히 프로듀서가 원작의 감정적 본질을 날카롭게 파악하고, 그것을 어떤 방식으로 시청자에게 전달할지에 대한 철학과 미감이 분명하다면, 원작 기반 작품을 진행할 경우 오히려 더 창의성을 발휘할 수 있다고 생각한다.

　내 이력 중에도 원작 IP 작업 경험이 많다. 어릴 적 가족들과 함께 만화방에서 수십 권의 만화를 빌려와 서로 돌려보며 보냈다. 그 시간은 나에게 즐거움을 주었고, 이야기와 감정을 직관적으로 받아들이는 법을 가르쳐주었다. 어른이 되어서는 만화 스토리 작가로 만화잡지에 작품을 연재하며 작가의 세계를 경험할 수 있었다. 이야기와 인물을 만들고, 회차마다 감정의 결을 조율하며 독자와 긴 호흡을 나누는 과정은 프로듀서 역할과도 닮아 있다. 그 시절부터 나는 인물의 감정에 집요하게 천착했고, 정서와 서사를 어떻게 구성할 것인지에 대해 치열하게 고민해 왔다.

　지금도 만화책은 나에게 가장 익숙한 이야기의 형식이다. 한 달에 한 번씩 잔뜩 책을 쌓아놓고 몰입해 읽는 것이 내 유일한 휴식이자 취미다. 그러니 만화 원작의 드라마를 기획하는 일은, 내게는 자연스럽고도 본능적인 선택일 수밖에 없다. 나에게 익숙한 언어이자, 내가 사랑하는 장르의 이야기로부터 시작된 작업들이 이제는 더 많은 사람들과 감정을 나누는 드라마로 완성되고 있다.

그 작품을 선택한 이유

내가 작업했던 원작 기반 작품 몇 가지를 소개해 본다.

〈김비서가 왜 그럴까〉

이 작품은 외주 제작사가 구매한 원작이었다. 그 프로젝트의 기획에 동의하고 본격적으로 대본 작업에 참여했는데, 가장 큰 이유는 바로 '김미소'라는 캐릭터 때문이었다. 그녀는 완벽한 재벌 상사의 청혼을 단호히 거절하고, '자기 인생을 스스로 꾸리겠다'며 퇴사하는 인물이다. 그런 결단은 단순히 독립적인 여성상을 그린다는 차원을 넘어서, 요즘 시대의 '관계보다 나를 지키는 선택'이라는 정서적 트렌드와 맞닿아 있었다. 김미소는 남자 주인공의 재산이나 비주얼에 흔들리지 않는 인물이다. 뻔한 신데렐라가 아니라, '지금 이 순간을 살아가는 여성'의 현실적인 감정에서 출발한 주인공이었기에 만들어볼 가치가 있다고 판단했다.

〈부암동 복수자들〉

원작 웹툰 〈부암동 복수자 소셜클럽〉은 세 명의 여성이 계급과 환경의 차이를 넘어서 자신만의 방식으로 '복수'를 실현해 나가는 이야기였다.

시놉시스보다 먼저 제출된 2부 분량의 대본을 읽고, 원작을 찾아보며 마음이 끌렸던 건 남편의 혼외 자식과 여주인공 사이에 은근한 감정 연대가 생기는 지점이었다. 그 둘은 절대 사랑으로 이어질 수 없는 관계지만, 그럼에도 묘하게 응원하고 싶은 서사였다. 그런 감정선을 실제 대본에 드러내진 않더라도 기획 단계에서 작가와 연출자와 함께 '이런 감정선이 존재한다'는 전제를 공유하면 카메라의 시선, 음악의 톤, 편집의 리듬 등에도 그 고민이 은근히 스며든다. 그럼 그 '묘한 결'은 시청자에게도 전달된다. '이 둘, 혹시 사랑하게 되는 건가?' 하며 예상하지 못했던 여운이 작품에 생긴다.

이 작품은 정서가 섬세한 신인 작가, 감각 있는 연출자와 함께 만들어 더욱 즐거운 기억으로 남아 있다. 아쉽게도 감독이 건강 문제로 중도 하차하면서 교체됐지만 tvN의 첫 수목 드라마이자 2040 중심 채널을 3050까지 넓히는 데 중요한 역할을 한 기획이었다.

〈커넥트〉

〈커넥트〉는 세계관의 확장 가능성을 보고 선택한 경우다. '신체 절단 후 재생이 가능한 남자' 하동수라는 캐릭터는, 단순한 초능력이 아니라 그 기원과 배경만 잘 설계하면 SF적 세계관으로 발전할 수 있는 가능성이 컸다. 그래서 캐릭터의 과거, 신체 재생의 메커니즘, 조직과 연루된 음모 등 웹툰 컷 사이에 비어 있는 이야기들을 상상력으로 채워 넣는 작업이 중요했다.

이를 위해서는 한 컷의 이미지 뒤에 숨겨진 인물의 삶과 고통, 기억까지도 설계해야 한다. 주인공 하동수는 신체가 절단되어도 재생할 수 있는 특별한 능력을 지녔지만, 그 특별함 때문에 오히려 인간으로서의 연결을 박탈당한 채 소외된 시간을 외롭게 견뎌온 인물이다. 그러다가 자신의 눈을 도둑맞은 이후, 그 눈을 통해 살인을 저지르는 누군가를 보게 되면서 그의 감정은 단순한 생존에서 분노와 공감, 연결과 단절, 타자화된 자아와 회복된 정체성으로 격렬히 진동하게 된다.

〈방과 후 전쟁활동〉

이 작품의 경우엔, '학원물'이라는 장르의 클리셰에 질문을 던지고 싶었다. 학원물에서 반복되는 삼각 로맨스나 일진과 피해 학생의 구도에서 벗어나, 밀리터리와 SF 설정을 결합한 작품이었다. 원작을 읽는 순간 드라마로 만들어보고 싶었다. 각색하는 과정에서 미지의 구체가 등장하면서 교실이 전장이 되며, 생존을 위한 선택이 각 인물의 성격과 감정을 뚜렷하게 드러내도록 설계했다. 원작의 구조를 빌리되, 그 안에 담긴 '10대의 감정 아카이브'를 확장하는 것이 기획의 핵심이었다.

비록 초기에 상상했던 서사만큼 다 구현되진 못했지만, 학원물이라는 익숙한 틀에서 낯선 질문을 시도한 것만으로도 의미 있는 도전이었다고 생각한다.

원작이라는 그림자를 안고서

이미 검증된 IP를 기반으로 한 작품이라고 해서 기획이 순조롭기만 한 것은 아니다. 오히려 각자의 상상과 해석이 충돌하면서 더 많은 대화와 시간이 필요해진다. 기획자가 상상한 톤과 연출자가 그린 장면, 작가가 풀어낸 감정이 서로 엇갈릴 때면 같은 이야기의 중심조차 다르게 보이기도 한다. 어느 경우에나 모두가 만족하는 결과물에 도달하는 과정은 결코 단순하지 않다.

특히 장편 드라마의 경우, 이야기를 처음부터 끝까지 끌고 가는 구성력과 인물의 감정을 밀고 나가는 경험이 반드시 필요하다. 좋은 장면과 멋진 대사가 있다고 해서 그것이 곧 서사 전체의 완성도를 담보하진 않는다. 그래서 원작 기반의 작업일지라도, 신인 작가와 작업하는 경우에는 사전에 충분한 회차의 대본을 확보해 두는 것이 중요하다. 제작 안정성과 방향성의 공유, 그리고 플롯 완성도를 함께 보장받기 위한 기본 조건이다.

같은 원작을 두고 회의를 거듭하다 보면, 각자가 떠올리는 장면이 미묘하게 다르다는 것을 실감한다. 그래서 어떤 경우에는 기획 프로듀서가 파일럿 시놉시스나 캐릭터 구성을 직접 쓰기도 한다. 기획의 방향성과 감정의 결을 먼저 제시하고, 이를 바탕으로 작가와 함께 확장해 나가는 것이다. 그 과정에서 작가가 나의 기획을 뛰어넘는 상상력으로 스토리를 펼쳐줄 때 느끼는 쾌감은, 이 일이 주는 가장 큰 보람 중 하나다.

원작 기반 제작의 장점은 이미 세계관과 캐릭터가 어느 정도 구체화되어 있어, 캐스팅부터 미술 컨셉까지 초기의 시행착오를 줄일 수 있다는 것이다. 하지만 아이러니하게도, 이 고정되어 있는 설정과 비주얼이 오히려 상상력을 제한하기도 한다.

예를 들어, 한 인기 웹툰의 주인공은 '감정을 드러내지 않은 냉철한 천재 외과의'라는 설정이었다. 원작에선 몇 컷의 클로즈업과 설명 텍스트로 내면의 복잡한 감정이 자연스럽게 전달됐지만, 드라마로 옮기는 순간 문제가 생겼다. 연출은 인물의 무표정과 침묵을 강조했지만, 배우는 그 안에서 어떻게 감정을 표현할지 막막해했다. 촬영 현장에서는 '웹툰에선 압도적으로 느껴지는 장면인데, 영상으로 보면 공백처럼 느껴진다'는 의견이 반복해서 나왔다. 결국 해당 장면은 수차례 리라이트rewrite와 리허설을 거쳐야 했다.

때론 장르가 충돌하는 경우도 있다. 예컨대, 원작은 다크 판타지 성향이 강한데, 제작사는 보다 넓은 연령대를 겨냥해 로맨틱 서사를 가미하려 하는 경우다. 초반엔 '장르 퓨전'이라는 명분으로 접근해 보지만, 막상 촬영에 들어가면 톤앤매

너가 일관되지 않아 어색하게 느껴진다. 음울하고 잔혹한 세계관 속에서 갑자기 등장하는 멜로 장면은 인물과 감정선과 동떨어져 보이고, 원작 팬과 일반 시청자 모두에게 이질적으로 느껴진다.

원작의 '공간'이 영상화에 맞지 않는 경우도 있다. 원작 웹툰에서는 폐허가 된 도시가 주요 무대였는데, 실제 로테이션과 제작비 제약으로 인해 그 공간을 구현하지 못해 이야기 가진 긴장감이 절반 가까이 사라진 경우다. 이때는 원작을 그대로 따라가는 대신 새로운 공간적 설정으로 전환하거나, 상징적 미장센을 활용해 '감정의 공간'으로 재해석할 필요가 있다. 공간은 단순한 배경이 아니라 사건의 밀도를 형성하는 도구이기 때문이다.

원작을 기반으로 작업할 때 무엇보다 중요한 것은, 원작을 지우지 않으면서도 새로움을 만들어내는 균형 감각이다. 그러기 위해서 서로 다른 언어로 같은 이야기를 바라보는 사람들과 끝없이 대화해야 한다. 상대방의 시선에서 한 번 더 상상해 보고, 동의할 수 없는 지점에서도 그 해석의 가능성을 열어두는 자세. 그렇게 생각을 보태고 변주하다 보면, 결국은 하나의 세계가 또 다른 세계와 만나며 예기치 못한 시너지를 만들어낸다. 그것이 바로 협업의 묘미이고, 원작 기반 제작이 단순한 번안 작업이 아닌 '새로운 창작'으로 거듭나는 순간이다.

세 가지 체크리스트

원작 기반의 드라마를 기획할 때, 내가 가장 중요하게 보는 건 '아이디어의 신선함'이 아니다. 원작 속 인물의 감정과 선택이 지금 이 시대를 살아가는 시청자에게 정서적으로 납득 가능해야 한다. 말하자면, '이 인물이 이 상황에서 내리는 결정이 나에게도 설득력이 있나?'라는 질문으로 출발한다. 그 물음에 확신이 들지 않으면, 아무리 참신한 설정을 가진 이야기라도 제작으로 이어지는 경우는 드물다.

그래서 나는 판권을 구매하기 전, 원작을 반복해서 읽고 다음의 세 가지를 중점적으로 기록해 둔다.

— 인물의 감정 변화와 행동의 개연성
— 이야기가 품고 있는 핵심 질문
— 그 질문이 지금의 사회와 맞닿은 지점

이 세 가지 요소가 분명히 정리될 때 비로소 드라마화할 수 있겠다는 판단이 선다. 단순히 원작의 설정을 베껴 리메이크하는 것이 아니라, 원작의 정서와 구조를 나만의 창작으로 재해석하기 위해서는 그 행간의 의미까지도 섬세하게 읽어내야 한다. 그래서 레퍼런스를 읽을 때도 '겉핥기'는 금물이다. 짧게 읽더라도, 내 식대로 정리하고 변형하는 훈련을 병행해야 한다.

협업이라는 팀플레이

기획자를 설레게 하는 협업자

기획자는 막중한 책임감을 짊어지고 살아야 하지만, 그럼에도 내가 이 일을 계속할 수 있게 만드는 건, 함께하는 창작자에게서 발견한 한 줄기 재능이다. 그것은 논리로 설명되지 않는 감각이고, 대사와 장면 뒤에서 번뜩이는 고유한 무언가다. 신인 작가의 투박한 문장에서, 연출의 서툰 호흡에서, 예상치 못한 실수를 한 경력자의 눈빛에서조차 그 반짝임은 느껴진다. 그 찰나의 빛을 가장 가까이서 목격하고 싶어 나는 이 일을 계속하고 있다.

그래서 기획자가 가장 설레는 순간은 작가와 연출이 처음 만나 서로를 탐색하고, 처음으로 한 작품의 세계를 나눌 때다. 그 만남의 온도와 밀도가 결국 그 작품의 운명을 결정짓는다. 같은 대본도 어떤 시선으로 바라보고, 어떤 리듬으로 찍느냐에 따라 전혀 다른 울림을 만들기 때문이다. 완벽한 기획과 대본은 없다. 그러나 '어떻게' 프로듀싱하고, '어떻게' 연출하느냐에 따라 단점은 감춰지고 장점은 빛날 수 있다.

그래서 기획자는 창작자와의 협업 과정에서 단지 결과로만 평가하지 않고, 각자의 가능성을 함께 본다. 내가 발견한 그들의 반짝임을 믿고, 다시 함께 달릴 수 있어야 한다. 실패 이후에도 또다시 기대하고 함께할 수 있는 관계야말로 진짜 협업이니까.

한 줄기 재능을 발견하는 기쁨

이런 맥락에서, 내가 일본의 미이케 다카시三池崇史 감독과 〈커넥트〉를 함께 하고 싶었던 이유도 명확했다. 그가 만든 〈크로

우즈 제로〉의 과장된 비주얼, 〈신이 말하는 대로〉의 엉뚱한 상상력, 〈악의 교전〉의 인물 거리두기 연출로 감정의 과잉 없이 장르의 틀을 비틀며 인물을 새롭게 보여주었다. 〈커넥트〉라는 원작 역시 그런 상상력과 자유도가 필요한 작업이었다. 그래서 형식의 제약 없이 상상하고 밀어붙일 수 있는 사람이 필요했고, 그가 이틀 만에 "내가 잘할 수 있는 장르"라며 연락을 줬을 때, 나는 직감적으로 이 작업이 시작될 수 있음을 느꼈다.

순조로웠던 시작과 달리, 제작 과정은 결코 쉽지 않았다. 일본과 한국은 이야기 전개 방식, 내레이션 사용, 인물 구축에 관해 간극이 컸고, 일본어로 쓴 초고를 한국 작가들이 번역해 각색하는 작업에도 수차례 수정이 필요했다. 짧은 촬영 일정 탓에 미처 다 담기지 못한 감정들, 형식에 치우쳐버린 장면들… 아쉬움을 남긴 것들이 많았지만 이러한 시도와 경험은 한일 간 공동제작을 시도할 다음 사람들에게 유의미한 흔적이 되리라 믿었다.

무엇보다 잊을 수 없는 시간은, 한 달 동안 후반 믹싱을 하며 미이케 감독의 디테일을 직접 본 순간들이다. 적합한 소리를 찾는 그의 방식은 신기할 만큼 감각적이었다. 통역으로는 전해지지 않는 음의 뉘앙스를 바디랭귀지로 보여주고, 직접 연기하듯 소리를 만들어내며 사운드 디자이너와 대화했다. 나는 그 과정을 옆에서 지켜보며, 현장에서만 배울 수 있는 장인의 내공을 체감했다. 그 과정을 함께하며 나는 또 다른 기획을 할 동력을 얻었다.

기다림도 기꺼이

최근 연출자로 함께 기획을 시작한 김지용 감독과의 협업도 나에게 큰 의미를 갖는다. 촬영감독으로서 이미 국내외에서 그 실력을 인정받은 그는 영화 속 인물과 이야기의 질감을 선명하게 담아내는 사람이다. 〈커넥트〉 촬영을 통해 처음 인연을 맺었고, 행운처럼 다가온 만남이었다.

나는 이름값보다는 직접 보고 느낀 직관을 신뢰하는 편이다. 그와 함께 작업하며 내가 확신했던 건 그의 앵글 속 인물의 감정이 대본 속 문장과 정확히 호응하고 있었다는 사실이다. 그것은 단순한 계산이 아니라 본능에 가까운 것이었다. 그는 대본의 행간을 읽고, 그 감정을 스스로 느낀 뒤, 카메라로 번역할 줄 아는 연출가였다.

그의 실력을 목격한 순간 궁금증이 생겼다. 촬영감독이 아닌 연출가로서 이야기 전체를 자신만의 언어로 끝까지 밀고 나가면 어떤 작품이 탄생할까? 나는 그가 자신의 무의식 속에 숨겨둔 빛나는 순간과 마주하길 바라는 마음으로 연출 계약을 제안했다. 이미 하나의 세계를 완성할 줄 아는 크리에이터가 또 다른 결을 만나 새로운 완성도를 만들어내는 그 순간은 말 그대로 짜릿하다.

그와 함께하는 기획은 늘 기다림을 수반했지만, 그 기다림조차 의미 있었다. 바쁜 해외 스케줄에도 불구하고, 미국과 태국을 오가며 짬짬이 내어준 덕분에 우리는 긴 호흡으로 이야기를 나눴고, 오랜 대화 끝에 그의 감정과 생각이 서서히 스며든 시놉시스를 완성해 냈다.

그 시놉시스를 바탕으로 원작 소설을 함께 만들어보기로 한 지금, 나는 또 다른 기대 속에 있다. 하나의 원작이 어떤 과정을 거쳐 드라마로 변화해 가는지, 그 안에서 김지용 감독의 연출 세계는 어떻게 확장될지, 그리고 나는 그와 함께 얼마나 더 성장하게 될지를 생각하면 가슴이 뛴다.

업에 대한 몰입과 욕망을 가진 사람들

대만의 시웨룽Lester Hsi 감독과 영화 프로젝트를 개발하고 있다. 처음 그가 연락을 해온 건, 함께 대만 최초의 크리처 장르를 만들자는 제안이었다.

첫 미팅 장소는 그가 연출했던 드라마 〈미식무간: 고독한 미식가〉의 로케이션 중 하나인 훠궈 식당. 둥근 식탁에 둘러앉아 식사를 마친 뒤, 그는 노트북을 꺼내 들고 자신이 만들고 싶은 이야기의 핵심과 생각해 둔 로케이션, 그리고 작품의 이미지 레퍼런스를 보여주었다. 그 자리에서 느꼈다. 그는 비전이 뚜렷하고, 실행력이 뛰어난 연출자이며, 무엇보다도 자신의 의견을 명확하게 전달하면서도 상대에 대한 예의를 잃지 않는 사람이라는 것을.

창작을 직업으로 삼은 이들, 즉 스토리텔링에 강한 몰입과 욕망을 가진 사람들은 종종 상대에게 어떻게 잘 보일지, 어떤 말이 호감일지를 고민하지 않는다. 관계의 예열보다, 먼저 이야기에 불을 붙이는 데 집중한다. 사적으로는 전혀 알지 못하고, 시나리오도 아직 없을지라도, 그렇게 처음부터 작품 이야기로 시작되는 대화는 빠르게 상호 신뢰와 직관의 호흡으로 이어진다. 서로의 생각과 감정, 이미지의 결이 잘 맞는다고 느끼면 자연스럽게 사적인 대화도 흘러나오고, 그렇게 신뢰가 쌓이며, 함께 만들 작품이 형체를 띄기 시작한다.

두 번째 미팅에서 그는 직접 그린 스토리보드를 보여주었다. 애니메이션을 전공한 그는 비현실적인 이야기를 명확한 이미지로 설득할 줄 아는, 감각과 기술을 함께 지닌 창작자였다.

무엇보다 뜻이 맞고, 일에 있어 생각과 시간을 아끼지 않는 창작 동료들을 만난 건 진심으로 행운이었다.

감독의 장점과 한계를 누구보다 잘 파악하고 조율하는 피오나, 유쾌한 아이디어 뱅크인 제인, 빠른 일정 속에서도 정확한 피드백을 주는 홍콩의 베테랑 프로듀서 펠릭스, 그리고 이야기를 기술적으로 확장해 주는 AI 전문가 대니까지. 서로에 대한 신뢰가 쌓이며, 우리는 이제 이 프로젝트를 넘어 더 넓은 창작 생태계를 함께 꿈꾼다.

그 시작은 아시아 전역에 통할 콘텐츠를 만드는 일로, 각국의 문법을 존중하며 공동 개발을 시도하고 있다. 최근에는 홍콩 고전 영화를 각자의 시선으로 재해석해 드라마로 확장하거나, 숏폼 시리즈를 기획하는 실험으로도 이어지고 있다.

낯설지만 강렬한 감각을 찾아서

큰 회사에 있다 보면 여러 기획을 동시에 굴려야 한다. 내가 시작한 프로젝트라도 제작 단계에서는 다른 프로듀서나 연출에게 넘겨야 하는 경우도 많다. 끝까지 책임지고 싶어도 그럴 수 없는 순간들이 있다.

스태프를 꾸릴 때도 늘 이상적일 수만은 없다. 스케줄에 맞춰 급히 구성해야 하는 경우도 있다. 언젠가 꼭 같이 하고 싶던 스태프에게 공들여 만든 기획서와 함께 러브 콜을 보낸 적이 있다. 그런데 거절이라는 답이 돌아온 순간, 머릿속에서 그의 손길을 거친 미장센이 와르르 무너졌다.

다시 스태프 리스트를 들여다봐야 했다. 그러다 보면 처음엔 전혀 생각지도 못한 스타일과 해석을 가진 스태프를 만나기도 한다. 내가 원했던 그림과 달라도, 이미 한 배를 탄 이상 그들과 부딪히고 깨지면서 같이 만들어간다. 그 과정에서 배운 '나와 다른 시선'은 언제나 큰 자산이 된다.

그래서 나는 틈틈이 새로운 크리에이터를 들여다본다. 대본이라면 인물의 대사가 튀어나온 지점, 감정이 폭발하는 타이밍을 보고, 영상이라면 카메라가 인물을 바라보는 거리가 어떤지, 표정의 잔상을 어떻게 포착하는지를 본다. 그러다 가끔, 설명하기는 어렵지만 전율하게 되는 순간이 있다. 계산된 것이 아니라 다듬어지지 않은 채 그대로 튀어나온 감정의 순간. 나는 그 낯선 울림에 특히 끌린다. 그럴 땐 무슨 수를 써서라도 그 창작자와 함께해 보고 싶어진다.

몇 달 전, 프랑스 릴에서 열린 시리즈 마니아* 행사에서도

---

* 유럽 최대 규모의 드라마 시리즈 축제 및 마켓으로, 매년 프랑스 릴에서 개최된다. 전 세계 제작자, 플랫폼 관계자, 시청자가 모여 다양한 시리즈물을 선보이고 교류하는 행사다.

그런 경험을 했다. 프로그램 사이 잠깐 쉬는 시간에 외국 시리즈를 훑어보다가 이름도 생소한 이스라엘 드라마의 한 장면에 시선이 멈췄다. 살인 사건을 맡은, 조금 통통한 체형의 중년 경찰이 목격자의 집 문을 두드리는 장면이었다. 문이 열리고 집 안으로 들어선 그가 곳곳을 훑었다. 대사는 거의 없었지만, 손끝 하나의 움직임까지 실제 같았고 공간 전체를 압도하는 느낌이 들었다. 몸짓과 시선뿐만 아니라 짧은 침묵 속에 인물의 과거, 상처, 망설임이 모두 담겨 있는 듯했다. '이건 계산된 연기가 아니다'라는 확신이 들었다.

알고 보니 그는 실제 경찰 출신 일반인이었다. 드라마의 연출자와 총괄 프로듀서를 어렵게 만나 이야기를 청하니, 그들도 반가워하며 자신들의 제작 과정을 차근차근 들려주었다. 원래는 영화로 기획되었던 이야기가 코로나 시기를 거치며 6부작 시리즈로 바뀌었고, 현실감을 위해 실제 인물들을 캐스팅했다고 했다. 켄 로치Ken Loach 감독이 평범한 사람들의 얼굴로 사회의 민낯을 드러내듯*, 배우들은 그들의 실제 삶을

---

* 리얼리즘을 고수하는 영국의 영화 감독으로, 전문 배우가 아닌 일반인을 기용하는 것으로 유명하다.

극으로 가져온 것이었다.

내가 느낀 '날것'의 감각은 결국 익숙한 장르와 정형화된 연기를 벗어난 지점에서 나왔다. 살아온 삶에서 묻어 나온 습관과 표정, 상처와 숨결, 예측할 수 없는 리듬, 그것은 제작자가 인위적으로 만들 수 없는, 자기 삶을 살아온 이들이 자연스럽게 드러낸 감정의 결이었다.

나는 국적이나 언어와 상관없이 이런 순간을 찾고 싶다. 익숙하지 않은 장면이 주는 전율, 정제되지 않은 생의 파편들을 드라마 안에서 발견하고 싶다는 욕망이 들었다. 낯섦을 같이 견디고 탐색하는 여정은 늘 값지다. 기꺼이 감내하고, 기꺼이 실패하면서, 그 끝에 아주 낯설고도 짜릿한 무언가가 만들어지는 순간을 나는 계속 기다리게 된다.

작가와 감독 사이에서,
나는 무엇을 지켜야 하는가

프로듀서는 늘 균형을 고민하는 직업인데, 작가와 감독 사이에서는 더욱 그렇다. 내 역할은 한쪽 편을 드는 것이 아니라, 창작자들이 작품의 방향성을 잊지 않도록 중심을 잡아주는 것이라고 믿는다.

　그래서 완성되지 않은 대본을 받아 읽을 때나 미완성 영상을 볼 때는 말을 아낀다. 그 안에 담긴 창작자의 색깔과 의도가 충분히 드러나지 않았는데 성급히 판단했다가 되려 창작자가 방향성을 잃을 수도 있기 때문이다. 그래서 단순한 감정부터 말하려고 한다. '계속 보고 싶다', '이 캐릭터가 궁금하다' 같은 직관적인 감상부터 나눈 다음, 캐릭터의 톤이나 흐름이 잘 잡혀 있는지를 짚는다.

처음에는 참 어려웠다. 경험이 없을 땐 오히려 단순해서 '좋다' 아니면 '나쁘다'로 구분 짓고, 잘된 점보다 부족한 점부터 눈에 들어왔으니까. 그러다가 차츰 불완전한 것에서도 가능성을 찾는 법을 터득했다. 대본의 완성도가 부족하더라도, 대사 한 줄에 담긴 감정이 고스란히 전해질 때가 있다. 그렇다면 그 감정에서부터 다시 씬을 그려볼 수 있다. 피드백을 할 때도 단점을 바로 지적하기보다, 작은 장점으로 시작하는 편이 결과적으로 훨씬 생산적이다.

내가 글을 쓸 때도 마찬가지다. 누군가 내 기획안을 읽고 '이게 무슨 이야기인지 알겠다'라거나 '이다음이 궁금하다'라는 반응이 나오지 않으면, 다시 기획안을 뜯어본다. 뚜렷한 반대 의견이 없어도, 작은 망설임과 침묵에 답이 숨어 있다. 내가 모호하게 느껴졌다면 보는 사람도 그럴 가능성이 크다.

작가와 연출자가 함께하는 작업은 더욱 복잡하고 민감하다. 같은 대본을 두고도 인물의 감정을 다르게 해석하는 경우가 흔하기 때문이다. 그래서 대본 회의에서 작가와 나눴던 말의 뉘앙스, 쓰지 못한 행간의 의미들을 연출자에게 다시 전해주곤 한다. 의견을 고수하려는 게 아니라, 이야기의 뼈대가 흔들리지 않도록 하기 위함이다.

작가의 의도를 무조건 지키는 것도 늘 정답은 아니다. 현장에서 배우와 연출의 해석을 더해 캐릭터가 입체적으로 살아나는 경우도 많다. 그건 정말 멋진 일이다. 다만 그 변화도 기본 그림 위에서 이루어져야 한다. 아무 바탕 없이 즉흥적으로 흘러가면 작품은 금세 다른 방향으로 미끄러지고 마니까.

과정을 즐겁게 만드는 사람들이 있다. 자신의 의견은 있으면서도 타인을 존중할 줄 아는 사람, 다투더라도 마음을 열어두는 사람, 작품의 본질을 놓치지 않는 사람. 그런 사람이 곁에 있으면 작품의 중심을 잡아가는 과정이 즐거워진다.

작가, 연출, 프로듀서의 역할은 다 다르지만, 결국 우리는 한 배를 탄 공동 창작자다. 대본 한 줄, 카메라 한 컷, 짧은 피드백 한 문장이 모여 작품을 완성한다. 그게 우리가 함께하는 이유다.

이성적 평가자,
섬세한 감정 공감자

드라마를 볼 때는 감정에 빠져들지만, 만들 때는 냉정해야 한다. 관객은 눈물을 흘리며 몰입하지만, 기획자는 그 눈물이 어디서 나오는지 계산해야 한다. 잘 쓰인 대본은 단순히 '마음을 움직이는 글'이 아니라, 치밀한 구조 위에서 감정이 점진적으로 쌓여가는 설계도다.

마찬가지로, 초기 대본을 고르거나 기획을 할 때도 마음이 끌린다고 바로 결정하지 않는다. 감정적으로 동요되더라도 사업성과 트렌드, 캐스팅 가능성을 따져봐야 하고, 작가와 연출의 호흡이 맞을지, 지금 시대가 받아들일 준비가 되어 있는지 냉정하게 계산한다. 가슴이 이끌린 이야기에 머리로 검증하는 과정을 거쳐 한 편의 드라마가 시작된다.

업계에서 오래 일하며 내 사고방식도 바뀌었다. 커리어 초반에는 문학적 감성에 치우쳐 감정적으로 작품을 바라봤다면, 시간이 지날수록 분석하고, 해체하고, 다시 조립하는 사고가 더 중요하다는 걸 깨달았다. 냉정한 판단을 놓치면 작품의 방향성도 잃는다는 걸 수없이 경험했다.

사람과의 거리에도 적용할 수 있다. 처음엔 사람이 좋고, 이야기 만드는 것이 즐거워서 작가와 밤새 아이디어를 주고받기도 했다. 일과 사적인 시간을 구분하지 못하던 때였다. 그런데 언젠가 내 사적인 이야기들이 가십이 되어 돌아오는 걸 겪은 뒤부터는 달라졌다. 자연스레 개인적인 대화는 줄이고, 가급적 바로 업무 얘기를 꺼내게 되었다.

더욱이 작가와 연출자는 인물의 감정과 대사를 다루는 예민한 직업군이 아닌가. 그들의 감정에 귀 기울이면서도 일정 거리 해석하는 법을 익히다 보니, 인간관계에서도 먼저 선을 긋는 사람이 되어버렸다.

드라마 만드는 사람

그즈음 한 작가가 내게 이런 말을 했다. "넌 정치적으로 성공하긴 어려울 거야." 이유는 이랬다. "보통은 자기 편을 만들고, 그 편에게는 편의를 봐줘야 성공하는데, 넌 친하든 안 친하든 작품만 보고 얘기하잖아. 너한테 잘 보일 이유가 없거든."

맞는 말이었다. 일을 오래 하다 보니 사적인 감정을 배제하는 것이 더 편했다. 그러나 한편으로, 일이란 결국 사람과 사람이 하는 것이기에, 인간관계의 온도가 중요한 요소라는 것도 부정할 수는 없다.

복잡한 고민에 작은 답을 얻게 된 건, 한 작가님과 함께 일하면서부터였다. 작가님은 내게 이렇게 말했다. "유명해질수록 사람들이 무조건 좋다고만 해. 근데 그게 싫어. 나는 내가 잘못한 걸 아는데, 아무도 지적을 안 해주면 더 불안해져."

그래서였을까. 작가님은 언제나 내가 눈치 보지 않고 의견을 낼 수 있는 환경을 만들어주었고, 나 역시 그 솔직한 피드백이 작업에 도움이 되는 걸 체감했다. 작은 신뢰가 쌓이며, 우리는 함께 더 좋은 결과를 만들 수 있었다.

이제 조금은 알 것 같다. 기획 프로듀서에게는 쉽게 상처받지 않는 단단한 감성이 있으면서도, 작품의 과정을 하나하나

꿰뚫어보는 이성이 필요하다는 것을. 인물의 감정 앞에서는 섬세한 공감자가 되지만, 동시에 제작 과정에서는 냉정한 해결사가 되어야 한다는 것을 말이다.

4

실 패 를

맞 이 하 는

자 세

'망했다' 싶은 예감이 드는 순간

위기는 여러 단계에서 감지된다. 대본 개발 단계에서 느낀 위기라면 오히려 걸러내기 쉽다. 리뷰, 편성, 캐스팅 회의를 거치며 누군가의 책임하에 신속히 정리되기 때문이다. 실제 제작으로 이어지는 경우는, 여러 관문을 통과한 '될 만한' 작품뿐이다. 그래서 이 단계에서의 위기는 '선택'의 책임을 진 기획자의 몫이기도 하다.

업계에서 흔히 하는 말 중에 "좋은 대본으로 실패할 수는 있어도, 나쁜 대본으로 성공하는 경우는 없다"는 말이 있다. 가끔은 대본이 충분하지 않아도 캐릭터의 매력이나 검증된 원작의 힘으로 프로젝트가 성사되기도 하는데, 이런 경우, 이후 단계에서 대본을 충분히 보강하지 않으면 아무리 좋은 배우와 감독이 있어도 기대에 못 미치는 결과를 낳는다.

　모두가 입을 모아 재밌다고 말했던 작품도 정작 편집 단계에 이르면 어딘가 불안해지는 경우가 있다. 씬의 감정이나 인물의 반응이 대본의 의도와 어긋나거나, 디렉션이 예상과 다를 때다. 물론 창작자의 의도와 다르더라도 새로운 해석으로 시청자에게 더 강한 인상을 남기는 경우도 있다. 하지만 이미 촬영을 마친 장면에서 느껴지는 연기와 연출의 엉성함, 미완성된 CG는 후반 작업만으로 보완하기는 어렵다.

　개인적으로 불안감이 증폭되는 때는, 전형적인 앵글과 사이즈로만 촬영된 영상을 보았을 때다. 모든 씬이 풀샷과 바스트샷만으로 찍히면 인물의 감정이 정형화되어 보이는데, 이때 시청자가 느끼게 되는 것은 '익숙함'이 아니라 '진부함'이다. 이런 촬영 결과물에는 배우들이 가장 답답해한다. 감정은 눈빛이 흔들리는 순간, 말끝의 리듬, 숨이 달라지는 호흡 같은 사소한 것들에서 피어난다. 그런데 카메라가 똑같은 위치와 구도를 고집한다면, 배우가 표현한 섬세한 감정들은 희석된다. 결국 시청자는 인물의 '살아 있는 감정'이 아니라, '말하는 형상'만을 보게 된다.

이런 이유로 각 단계마다 점검하고 피드백하는 구조를 갖추는 것이 중요하다. 과거에는 프로듀서가 사전에 감독 편집본을 보는 일이 금기처럼 여겨졌는데, 지금은 다르다. 클라우드 기반 리뷰 시스템, 실시간 공유 툴 등을 통해 모두가 초반부터 영상을 확인하고 의견을 나눌 수 있게 됐다. 예를 들어, 최근에는 클라우드 기반의 리뷰 시스템을 활용해 촬영본과 대본, 콘티, 음악 가이드를 실시간으로 비교하며 피드백하는 방식이 점차 보편화되고 있다. 좋은 변화다. 더 나은 방향을 위한 대화가 가능해진다면 예상된 실패는 피할 수 있다.

또한 사전에 캐릭터별 감정 흐름표를 만들어두고, 배우의 연기와 편집이 그 감정선과 어긋나는지 수시로 확인하거나, 회차별 톤과 무드 가이드를 제작팀 전반과 공유하며 일관된 스타일을 유지하기도 한다.

제작 초기부터 깊이 관여했던 작품일수록 촬영본에서 느껴지는 작품의 톤과 결의 변화나 감정의 이질감에 더욱 예민하게 반응하게 된다. 이것은 대중의 반응과는 다른 종류의 신호다. 창작하는 내부에서 울리는 작은 경고음은, 결과적으로 작품의 완성도를 지키는 데 중요한 역할을 한다.

하지만 최종 편집과 음악, 믹싱까지 마친다 해도 안심할 수는 없다. 어떤 음악을 쓰느냐, 어떤 타이밍에 호흡을 자르느냐에 따라 작품의 정서가 전혀 달라지기 때문이다. 좋은 대본, 안정적인 연출, 훌륭한 연기 모두가 모였다 해도, 마지막 한 걸음의 선택이 작품을 결정짓는다.

드라마는 결국 '선택의 연속'이며, 그 선택마다 주인과 책임자가 따로 있다. 그러나 누가 옳고 그른가를 따지기보다, 각자의 감각과 시선이 하나의 방향으로 '섞이게' 하는 것이 연출자, 혹은 책임 프로듀서의 역할이다.

'위기'라는 건 주관적 판단이라서 무엇을 위기로 감지하는가, 그 위기를 감당하고 해결하는 사람이 누구냐에 따라 작품의 방향도 달라진다. 단점을 얼마나 축소할 수 있는가, 장점을 어디까지 끌어올릴 수 있는가. 그 기준은 제작진의 감각과 경험에 따라 갈린다. 그리고 모든 선택의 끝에는 하나의 결과물이, 어떤 이름으로든 우리 앞에 놓인다.

오랜 시간 준비한 게
잘 안됐을 때

오랫동안 준비해 온 기획이 무산되는 일은 생각보다 빈번하다. 가장 흔한 이유는 대본이 편성 기준을 넘기지 못했을 때다. 장편 드라마 집필이 처음인 작가는 이야기의 장편 구조나 회차별 리듬을 안정적으로 구현하기 어렵다. 대사 센스나 감정선이 좋더라도 굵직한 서사가 없는 캐릭터의 드라마는 중반 이후 흥미를 잃기 쉽고, 끝내 완성도 높은 대본으로 연결되지 못한다. 주변에서 공동 구성이나 피드백으로 보조하더라도, 작가 스스로 극의 힘을 끝까지 유지할 수 있는지가 관건이다.

다른 이유로는 캐릭터의 매력이 부족해 캐스팅이 어렵거나, 비슷한 소재가 선방 편성을 받아 방송된 탓에 기획 자체가 드롭되는 경우가 있다.

기획 계약 기간은 보통 3개월에서 1년 사이다. 이 기간 내에 1화 대본과 기획안이 완성되면 이상적이지만, 여의치 않다면 공동 작가를 투입하거나 작가를 교체하기도 한다.

기획 단계에서 멈춰 제작 기회를 얻지 못하면 그 허탈함은 말로 다 할 수 없다. 수개월에서 수년의 시간이 아무 성과 없이 사라지는 듯해 기획자에게 깊은 무기력을 남긴다. 그럼에도 작가의 강점이 명확하다면 다른 프로젝트에 작가를 연결해 줄 수 있다. 동료의 작품에 기획 작가로 합류시키거나, 작가의 오리지널 대본을 새로운 제작사에 소개하는 방식이다.

하지만 원작을 구매한 프로듀서의 입장은 다르다. 기획이 무산되면 사용한 비용과 시간을 어떻게든 회수하거나, 큰 손실이 나기 전에 전환해야 한다. 특히 이야기의 시의성을 놓쳐 진행하지 못한다면 매몰비용이 생긴다. 방송을 억지로 성사시켜도 흥행에 실패한다면 창작자에게서 다음 기회를 박탈하게 만드는 꼴이 된다.

　이 때문에 기획자에게 실패는 단순한 '보류'가 아니라 금전적 손실과 심리적 고통이 겹치는 구조다. 외면받은 콘텐츠를 담당했을 때의 자괴감과 불면증은 직업적 후유증처럼 따라온다.

　그러나 누군가 다시 기회를 줄 때까지 기다릴 수만은 없다. 다른 기획으로 손실을 만회하고, 더 나은 안목과 성과로 스스로를 증명해야 한다.

밀당 못하는 직진형 프로듀서

어떤 기획은 예상보다 더 오랜 시간이 걸린다. 내가 손에서 놓지 못한 두 작품은 5년이 넘게 걸렸다. 앞서 말했듯 보통은 한 작품을 그렇게 오래 끌 수 없다. 작업이 길어질수록 작가료, 미팅 비용, 작업 공간과 같은 유지 비용이 눈덩이처럼 불어나고, 원작이 있다면 판권 연장 계약까지 부담해야 하기 때문이다. 그래서 대부분은 3년쯤 시도하다 가망이 없다고 판단되면 정리하고, 서둘러 다른 프로젝트 제작에 들어가 손실을 보전한다.

그런데도 나는 왜 5년을 붙잡고 늘어졌을까? 머릿속에 한 장면이, 한 감정이 또렷하게 그려졌기 때문이다. 그 순간 '이건 내가 직접 보고 싶다'는 갈망에서 빠져나올 수 없었다. 머릿속 장면들을 세상에 보여주고 싶다는 확신이 들었다. 함께하는 작가가 포기하지 않는다면, 진행이 어려운 결정적인 사유가 생기기 전까지 멈추지 않겠다 마음먹었다.

5년이란 시간 동안, 이 기획에 대한 논의는 쉬지 않고 이어졌다. 일주일에 적게는 두 번, 많게는 너댓 번의 회의를 반복하며, 피드백과 고민들을 주고받았다. 이미 편성이 확정된 작품들이 있어서 동시에 다른 기획도 진행해야 했다. 다른 프로젝트에 피해를 주면 안 된다는 게 나만의 원칙이었다.

3년쯤 지났을 때, 한 선배가 말했다. "너 아직도 그 작품 하고 있어? 보통은 그렇게 오래 가면 접는 게 맞아." 그때 나는 웃으면서 대답했다. "저는 작가의 재능을 믿어요. 저도 이 작품을 하고 싶고요. 지금 포기하면 그간 쏟은 시간이랑 비용이 다 무의미해지잖아요. 이 이야기는 끝까지 견뎌야 꽃을 피울 수 있다고 믿어요."

그렇게 탄생한 작품이 바로 〈방과 후 전쟁활동〉과 〈돌풍〉

이다. 특히 〈돌풍〉은 내가 전 직장에서 기획을 시작해 독립 후 내 회사에서 완성한 작품으로, 제작 막바지에는 별도 대가를 받지 않고 포스트 프로덕션에 임했다. 함께한 작가의 이야기를 끝까지 지켜내는 게 내가 선택한 길이었다.

나는 일할 때만큼은 밀당이 안 되는 '직진형 인간'이다. 빈 말은 잘 못 한다. 약속은 지켜야 하고, 지키지 못하면 스트레스를 크게 받는다.

〈방과 후 전쟁활동〉은 처음부터 끝까지 순탄한 기획은 아니었다. 메인 작가가 바뀔 때마다 이야기의 방향과 정서도 달라졌고, 방송 플랫폼이 변경되며 새롭게 맞춰야 할 기준들도 계속 생겨났다. 무엇보다 이 작품은 일반적인 드라마의 이야기 구조로는 접근하기 어려운, SF적 상상력과 시각적 구현력이 필수인 기획이었다. 그래서 이를 함께 상상하고 구현해 줄 적합한 크리에이터와 타이밍을 기다리는 시간도 길 수밖에 없었다.

그럼에도 이 작품이 완성되어 방송까지 이어졌다는 사실은 정말이지, 행운이었다. 작품 자체가 가진 에너지, 그것을 끝까지 놓지 않았던 작가와 스태프들의 마음, 그리고 그 모든 과정을 지지해 준 사람들 덕분이다.

　나는 어떤 프로젝트든 충분히 시간을 들이고, 공을 들이고, 무엇보다 '마음'을 들인다. 그리고 나는 내 부족함을 알고 있기 때문에, 몰입하지 않으면 해낼 자신이 없어 더 집중하고 스스로를 몰아붙인다. 그 과정에서 얻게 되는 배움과 깨달음이야말로 결과보다도 더 중요한 자산이라고 믿는다.

　합리적인 워라밸을 추구하고, 당당하게 자신이 한 만큼 요구하고 돌려받는 프로듀서들을 볼 때면, 문득 이런 생각이 들기도 한다. '나는 왜 이렇게까지 일하고 있는 걸까? 턱없이 부족한 보상에도 왜 이렇게까지 시간을 들이는 걸까?' 하지만 그런 생각은 오래가지 않는다. 곧 다시 마음을 다잡는다.

　과정이 아무리 대단했더라도 '좋은 결과'가 따라주지 않으면 그 모든 노력은 설득력을 잃는다. 그래서 나는 끝까지 노력한다. 내가 함께한 작가와 이야기, 함께한 시간과 관계가 모두 '유의미하게' 남을 수 있도록.

온갖 평가를 견뎌야 하는 일

창작자는 평가를 견뎌야 하는 숙명을 타고났다. 과거에는 '시청률'이라는 숫자가 거의 유일한 기준이었다. 하루하루 그 수치에 따라 성공과 실패가 갈렸다. 일일극을 만들 때는 매일 아침 시청률을 확인하며 하루의 감정을 조율해야 했고, 높은 수치는 밤샘 작업의 피로도 잊게 해줬다. 방송국에 도착하는 시청자 편지, 응원 메시지는 달콤한 보상처럼 느껴지기도 했다.

지금은 글로벌 OTT가 등장하면서 평가의 기준도 다양해졌다. 시청률을 벗어난 여러 '성공의 모양'이 존재하고, 국내에서 큰 반응이 없더라도 예기치 않게 다른 국가에서 큰 호응이 오기도 한다. 덕분에 하나의 기준에 얽매이지 않아도 되었고, 작품의 방향성에 있어서도 기획자의 의도가 반영될 수 있는 여지가 생긴 것은 분명한 변화다.

그럼에도 여전히 방송 중에는 실시간 댓글, 온라인 반응, 각종 지표들이 끊임없이 들려온다. 응원의 말은 힘이 되지만, 날 선 비난은 창작자의 마음을 흔든다. 한번은 이런 댓글을 본 적이 있다.

"이 드라마, 대충 만든 느낌. 감정선이 하나도 안 와닿음."

단 한 문장이었지만, 작가와 나는 그간의 모든 고민과 시간을 부정당한 것 같아 컴퓨터 앞에 앉아 있는 것조차 힘들었다. 그래서 방송 중 대본을 쓰고 촬영을 이어가는 환경에서는 외부 반응을 차단하고 작업에만 몰두하기도 한다.

때로는 드라마보다 세상에 더 의미 있는 일이 많다고, 괜히 바쁜 척하지 말라는 말을 듣는다. 하지만 '드라마를 만드는 것'은 내게 직업을 넘어 하나의 소명이다. 인물과 이야기로 누군가의 하루에 작은 울림을 주는 것, 그것이 내가 이 일을 계속하는 이유다.

그래서 작품을 만든 사람보다 더 섬세하게 이야기를 읽고, 인물을 해석해 주는 시청자의 글을 발견하면 반드시 저장해 둔다. 〈돌풍〉 공개 당시, 반가운 댓글을 본 적이 있다.

"한번 보기 시작하니 중간에 멈출 수가 없었다."

'계속 보게 만드는 힘'이 엔터테인먼트가 갖춰야 할 가장 본질적인 힘이라는 확신을 주는 댓글이었다. 이야기의 리듬과 캐릭터의 감정선이 시청자에게 정확히 낳았다는 증거이기도 했다. 그렇게 인물과 작품을 사랑해 주는 사람들의 감상은 나에게도 오래가는 위로가 된다.

하지만 이 모든 평가는 작품에 대한 것이지, 만드는 사람의 인격에 대한 것이 아님을 구별해야 한다. 그 경계는 늘 흐릿하지만, 혼동하기 시작하면 감정은 쉽게 소진된다.

맹목적인 비난은 걷어내고 비판은 받아들이되, 부족한 지점을 메우기 위해 노력하기. 이것이 평가를 대하는 나의 태도다.

정체성 혼란의 순간들

"선배님, 요즘 기획 일 하면서 조금 혼란스러워요."

제작 쪽 일만 하던 후배가 처음으로 기획을 맡게 되었을 때

내게 이렇게 말한 적이 있다.

"제작 프로듀서는 가편성이 나고 나서 투입되니까 시작과

끝이 명확하고, 방송이 끝나면 성과도 비교적 빠르게 알 수

있어요. 무엇보다 내가 뭘 했는지 사람들에게 설명하기 쉽고,

인정받기도 덜 어렵죠. 그런데 기획은… 드러나지 않아요. 감

정 노동도 많고, 아무리 에너지를 들여도 성과로 이어지기까

지는 너무 오래 걸리고 버거운 것 같아요."

나는 그 말에 쉽게 반박하지 못했다. 맞는 말이었다. 우선, 기획은 기다림을 요하는 일이다. 결과물이 나오기까지 긴 시간이 걸리고, 그 동안은 직접적인 수익을 기대하기 어렵기 때문이다. 창작에 대한 신념과 장기적인 비전을 공유하지 않는 이상, 선투자하고 끝까지 붙잡는 구조를 만드는 건 쉽지 않다. 실패의 매몰비용을 감당할 여유도 없는 회사라면 더욱 그렇다.

그런 면에서 넷플릭스 오리지널 시리즈 〈루머의 루머의 루머〉*는 인상 깊은 사례다. 2007년에 출간된 동명의 원작 소설은 오랜 시간 주목받지 못했지만, 뒤늦게 드라마화가 추진되며 오랜 개발 과정을 거쳐 마침내 2017년에 시리즈로 완성되었다. 단순히 원작이 좋았기 때문만은 아니다. 그 가치를 먼저 알아보고, 시장과 시기를 끝까지 기다린 누군가의 집요한 기획이 있었기에 가능한 일이었다.

• 동명 소설을 원작으로 한 드라마로, 한 소녀의 죽음으로 동급생들의 진실이 조금씩 드러나며 10대의 내면과 그들이 마주한 갈등과 문제를 조명한다.

데이터를 통해 '성공 가능성이 높은 IP'를 찾는 건 그리 어렵지 않다. 하지만 그것을 살아 있는 이야기로 다시 길어 올려 드라마로 만드는 일은 전혀 다른 영역의 능력을 요한다. 그 과정에서 기획 프로듀서는 대본 개발을 돕고, 제작 현장을 조율하면서, 창작자가 의도한 미묘한 뉘앙스와 감정이 시청자에게 정확히 전달되도록 끝까지 책임져야 한다.

커리어 초기에는 역할이 정립되지 않은 채로 여러 프로젝트에 투입되며 문제 해결사처럼 움직이기도 했다. 그러다가 체력이 소진되기도, 내가 한 일이 창작의 일부로 인정받지 못하는 경우도 많았다. '작가가 되지 못해서 프로듀서가 된 게 아니냐'는 말을 듣기도 했다.

기획 프로듀서는 누군가의 창작에 기꺼이 개입하면서도 자신의 흔적을 남기지 않는다. 창작자가 무엇을 표현하고 싶어 하는지 파악하고, 그가 미처 표현하지 못한 부분까지 이해해서 함께 작품을 완성해 나가는 사람이다. 그래서 프로듀서는 창작의 뿌리가 어디인지 정확히 아는 것이 중요하다. 나는 창작자가 꺼내놓은 이야기의 씨앗이 잘 자라도록 흙을 고르고 물을 주는 사람이다. 그 시작이 내 것이 아니라는 걸 분명히 안다. 그래서 기획 프로듀서에게는 다른 사람의 창작을 존중하면서도 선을 지키고 올바른 방향을 제시할 줄 아는 판단력이 필요하다.

혼자서는 생각해 내지 못했을 아이디어들이 서로의 의견을 나누며 이야기로 발전한다. 그 과정에서 어떤 아이디어는 사라지기도 하고, 여러 사람의 생각이 섞여서 누가 처음 낸 아이디어인지 모르게 되기도 한다. 그러다 보면 어떤 사람은 협업의 결과를 모두 자신이 한 일인 것처럼 말하기도 하고, 어떤 사람은 자신의 기여를 인정받지 못해 실망하기도 한다. 이런 경험들을 겪으면서 프로듀서로서 내가 담당해야 할 역할이 무엇인지 분명해졌다.

자신의 이름을 걸고 창작을 한다는 것은 조마조마한 일이고 고독한 일이다. 작가와 감독은 하나의 장면에 모든 걸 걸 수 있는 사람들이다. 반면 프로듀서는 프로젝트 전체를 관리하는 사람이다. 여러 경우의 수를 고려하고, 작품 안팎을 오가며 이야기를 지켜내는 사람이다. 내가 이 역할의 고유함을 이해한 순간, 혼란스러운 마음도 정리됐다.

쉼 없이 달려오는 동안, 작은 변화들이 생기기 시작했다. 기획 프로듀서의 공헌도를 인정받기 시작했다. 가장 먼저 작품을 이해하는 사람이라는 걸, 누구보다 그 세계를 깊이 들여다본 사람이라는 것을 말이다. 그리고 완성된 대본을 읽고 연출을 맡는 경우도 많아지면서 기획 프로듀서의 개입이 자연스러워졌다. 이제는 고정된 프레임에 갇히지 않고, 때로는 작가의 역할을 보완하거나, 제작을 주도하거나, 심지어 연출의 일부까지 참여할 수 있는 환경이 만들어졌다.

드라마를 만드는 일은 아주 세분화된 여러 영역들로 나뉘어져 있다. 중요한 건 그 모든 걸 혼자서 다 해내는 것이 아니라, 맡은 부분을 누구보다 깊이 파고드는 것이다. 그것이 전문가의 길이다. 내가 잘할 수 있는 영역에서 정확하게 힘을 쓸 때 팀 전체를 살릴 수 있다.

나는 여전히 무대의 빛보다는 그 뒤편에 더 가까이 서 있다. 하지만 누군가의 이야기가 시작되기 위해 꼭 필요한 발판이 되고 싶다. 주목받지 못하는 아쉬움은, 결국 내 이름을 걸고 직접 승부할 수 있는 자리에 서야만 사라진다. 그저 좋은 이야기를 만들겠다는 이 집요한 책임감이 나를 다시 앞으로 걷게 만든다.

나와 대중이 원하는 것 사이에서

가끔은 문득 겁이 난다. '대중이 원하는 것'을 안다고 착각하는 내가, 어쩌면 가장 오만한 기획자가 아닐까 싶어서. 대중의 마음은 매일 바뀐다. 어제는 복수를 갈망하다가도, 오늘은 연민에 무너지고, 내일은 유쾌한 상상에 웃는다. 몇 편의 히트작을 거쳤다고 해서 그 변덕스러운 마음을 다 안다고 말할 수 있을까. 트렌드는 예측이 아니라 직감에 가깝다. 〈이상한 변호사 우영우〉의 열풍을 기억하는가? 이 작품도 처음에는 대중적이지 않겠다는 우려의 목소리가 있었다. 그러나 그 우려가 무색하게 대중의 폭 넓은 공감을 이끌어냈다. 주인공 우영우의 이야기가 장애를 가진 누군가에게 한정된 것이 아니라, 이해받고 싶고, 응원받고 싶고, 함께 성장하고 싶은 우리 모두의 것이었기 때문이다. 사람들은 그녀의 이야기에 빠져들었고, 전 세계적으로 사랑받는 작품이 되었다.

모든 것이 변하는 와중에 절대로 흔들리지 않는 게 하나 있다면 감정의 본질이다. 누군가를 이해하고 싶은 마음, 그리움과 외로움, 어쩔 수 없이 미워하면서도 다시 품고 싶은 마음 같은 것들. 그건 유행이 아니라, 인간이 원래 그렇다. 그래서일까. 이미 누군가 수천 번 다룬 이야기라도, 그것이 진심이라면 또 한 번 통한다. 클리셰에도 진정성이 담기면 다시 누군가의 마음을 건드릴 수 있다. 사람들은 그렇게 다시 이야기를 믿는다.

예전에 방송국에 다닐 때 한 사장님이 이런 말씀을 하셨다. "만드는 자가 시도하는 아주 작은 새로움은, 대중에게는 거대한 변화로 느껴져. 그게 통하면 상상도 못 한 파급력이 생겨나지." 이 말이 마음에 오래 남아 있다.

실제로 내가 좋아하는 이야기와 대중이 원하는 것이 맞아

떨어지는 순간은 드물다. 때론 내가 믿은 작품이 외면받기도 하고, 의외의 장면이 수많은 이들의 마음에 불을 지필 때도 있다. 〈SKY 캐슬〉이 대학 입시라는 한국의 치열한 현실을 정조준했을 때, 〈도깨비〉가 사랑을 영원의 시선으로 끌어 올렸을 때, 〈밀회〉가 치명적인 사랑과 욕망을 한 여자의 인생으로 보여줬을 때. 단순히 '이야기가 좋았다'는 걸 넘어서, 거기에 사람들이 말하지 못했던 마음을 대신 말해준 장면들이 있었기 때문이 아닐까.

결국 좋은 이야기는 '무엇을 말했느냐'보다 '어디서 바라봤느냐'에 달렸다. 이미 다뤄진 이야기라도, 그 인물의 다른 면에서, 다른 자리에서, 다른 시선으로 들여다보면 그 안에 다시 살아나는 감정이 있다. 누구도 주인공으로 삼지 않았던 주변 인물에게, 진부한 관계 속 숨겨진 결핍에서, 클리셰 너머에 있는 또 다른 감정에서 말이다.

그런 새로운 시선을 찾기 위해 나는 꾸준히 관찰하고, 읽고, 질문한다. 삶을 바라보고, 사람을 이해하려 애쓰고, 감정의 결을 들여다본다. 그런 감정들이 이야기 속으로 자연스럽게 녹아들 수 있도록, 나보다 훨씬 깊은 통찰을 가진 창작자들과 함께 고민한다. 가볍지 않게, 무겁지도 않게, 단단하지만 살아 있는 언어로 오늘의 우리를 말하고 싶다.

5

기 획 자 의
세 계 가
넓 어 질 때

마음껏 작품을 말할 수 있는 기회

〈방과 후 전쟁활동〉으로 프랑스 릴에서 열리는 드라마 시리즈 선정 행사 '시리즈 마니아'에 초청받은 적이 있다. 〈방과 후 전쟁활동〉을 진심으로 즐기는 현지 영상 콜렉터들의 리액션들을 몸소 느낄 수 있는 자리였기에 그 작품을 만들기까지의 지난한 과정에 대해 일부 보상을 받은 느낌이었다.

보라색 카펫을 밟고 카메라 세례를 받으며 시사회가 열리는 극장 안으로 들어섰던 순간이 지금도 생생하다. 극장에는 유럽 프로덕션과 플랫폼 관계자와 일반인 시청자들이 있었고, 나에게는 15분간의 GV가 주어졌다. 무대 위로 올라가기 위해 극장의 비밀 통로를 통과하면서 묘한 기분이 들었다. 한국에서는 GV 참여 기회가 연출자 또는 배우와 작가에게 주어지는 경우가 대부분이라, 프로듀서가 질의응답 할 기회는 많지 않았다. 한편, 시리즈 마니아는 작품에 대한 프로듀서의 역할과 공로를 잘 아는 곳이었고, 그 덕분에 주어진 기회였다. 뿐만 아니라 후배 프로듀서들과 연출자의 배려도 한몫했다. 원작의 판권 계약 후 5년이라는 긴 시간 동안, 어떤 고민을 하고 어떤 판단을 내리며 개발했는지를 가장 잘 아는 사람이 나라는 것을 인정해 준 덕분이었다.

모더레이터의 질문 중에는 원작의 선택 이유, 원작에서 가장 중요하게 다루었던 부분, 크리처에 대한 의미, 다루고자 하는 주제와 시의성 등 기획자의 시선과 관점을 궁금해하는 것들이 많았다. 이들의 질문에 기분 좋게 답할 수 있었다. 오래 품고 있던 작품에 대해 마음껏 수다들 떨 수 있다는 것만으로 값진 경험이었다. GV를 마친 다음 날에는 나를 기억하고 사인을 요청한 외국인도 있었다.

국내 작품을 해외에서 리메이크하는 경우가 빈번해지면서

〈김비서가 왜 그럴까〉 또한 태국에서 리메이크되었는데, 이를 위한 '기획 제작 바이블' 교육도 기획자인 내게 잊지 못할 경험이었다. '바이블'이라 하면 해당 작품의 세계관, 인물의 주요 감정선, 에피소드 구성 방식, 미장센과 톤, 캐릭터 간의 대사 리듬, 주제의 방향성, 시즌 전개 시 유의할 설정, 심지어 의상 톤과 음악 스타일까지 총체적으로 담아낸 제작 안내서다. 리메이크가 되거나 시즌제, 제작진이 교체되어도 원작의 감정과 정체성이 흔들리지 않도록 도와준다. 특히 영상 IP를 해외에 판매하거나 리메이크할 경우, 이 바이블은 창작자 간 기준을 맞추는 가장 중요한 소통 도구가 된다.

방콕의 한 세미나룸에는 작품 리메이크에 참여할 태국의 작가, 연출, 마케팅, 홍보팀 등 전 과정의 프로듀서와 창작자들이 한데 모였다. 이들은 캐릭터의 세부 심리부터 어느 장면에 음악이 들어가야 감정이 살아나는지, 그리고 주인공이 왜 그렇게 말하고 행동하는지에 이르기까지 끊임없이 질문했다. 나는 그들에게 한국의 촬영 현장 분위기나 배우들이 느껴야 하는 감성 합까지 설명해야 했다. 생각보다도 촘촘한 질문들에 쉽지 않은 자리였지만, 내 경험이 누군가에겐 시작점이 된다는 것에 묘한 설렘과 보람이 느껴지는 순간이었다.

세계의 책장 앞에서

기획자라는 직업의 특권 중 하나는, 아직 출간되지 않은 원고를 먼저 읽을 수 있다는 점이다. 출판사에서 보내주는 추천 리스트를 먼저 받아보고, 이 책이 영상으로 확장될 수 있을지 살펴본다. 사람들이 어떤 감정에 반응할지, 어떤 세계를 궁금해할지, 그 미세한 흐름을 먼저 포착해서 그 이야기를 '지금 만들어야 할 이야기'로 꿰어내는 안목이 필요하다.

해외에서의 출판-기획 협업은 더 긴밀하고 이르게 진행된다. 한번은 출판 에이전시 대표님의 초대로 영국의 주요 출판사를 방문하게 되었다. 세계 최대의 출판 시장 중 하나인 그곳에서 한 권의 소설이나 논픽션이 어떻게 유럽과 북미의 제작사, 할리우드 에이전시의 책상 위를 오가며 주목받는지를 직접 볼 수 있었다.

매일 밤 수백 권의 출판 리스트를 검토하고, 이른 아침부터 시작되는 미팅을 소화하며, 단 한 권의 가능성을 발굴하려 애쓰는 에이전트들의 모습은 낯설지 않았다. 분야만 다를 뿐, '무엇을 어떻게 선택할 것인가'라는 고민은 내가 매일 하는 것과도 다르지 않았기 때문이다. 특히 한 나라의 지성 트렌드를 짚어내는, 열정적인 여성 에이전트들과 함께한 경험은 지금도 기억에 남는다.

원작을 고르는 일은 지금을 살아가는 누군가의 목소리를 붙잡아 기획자의 언어로 새롭게 해석하는 일이라고 생각한다. 어느 날 내가 찾고 있던 감정의 결이 어떤 원작 속 리듬과 정확히 맞아떨어지는 순간이 온다. 설명하기 어렵지만 마치 눈앞에서 전구가 켜지는 듯한 경험이다.

아직 세상에 공개되지 않은 이야기, 아직 값이 매겨지지 않은 감정, 아직 시작되지 않은 서사를 누구보다 먼저 만날 수 있다면? 그리고 그것을 나의 기획과 시선으로 새롭게 구현할 수 있다면? 이것이야말로 기획자에게 주어진 가장 큰 특권이자 보람이 아닐까?

세상은 넓고, 아직 기획되지 않은 이야기들은 끝없이 흩어져 있다. 그리고 그 이야기를 발견할 수 있는 눈은, 결국 기획자가 지금까지 쌓아온 경험과 세계를 바라보는 감각에 비례한다.

실패와 도전:
오리지널 기획 피칭

회사를 열면서 나는 스스로에게 한 가지 다짐을 했다. 공간적, 관계적, 시간적 제약을 두지 않고, 언제 어디서든 누구와도 기획할 수 있는 사람이 되겠다고. 사무실 컴퓨터 앞에 앉아 있어도 나의 생각은 국경 없이 펼쳐지기를 바랐다. 점점 협업의 기회가 줄어드는 업계 환경 속에서도, 나는 경쟁력을 갖춘 프로젝트들을 멈추지 않겠다고 마음먹었다.

그런 다짐 때문일까. 해외로 나갈 기회들이 하나둘 생기기 시작했다. 그러나 기획의 여정은 늘 순조롭지만은 않았다. 어느 날 불현듯 무너지고, 결국 실패로 끝나는 경우도 많았다.

기획자에게 찾아온 행운

2024년 5월, 한 작가님과 함께 만든 오리지널 프로젝트를 들고 L.A에 있었다. 한국콘텐츠진흥원 지원 사업에 선정되어, 미국의 제작사와 플랫폼 관계자에게 직접 피칭할 기회를 얻은 것이다. 고급 호텔 스위트룸에서 3일간 이어질 미팅을 준비하며, 나는 창업하며 다짐했던 말을 떠올렸다. 예전에 일했던 대형 제작사에서는 각 부서가 맡은 역할이 명확했다. 다른 부서의 일을 몰라도 무리 없이 일할 수 있었다. 하지만 지금은 기획안 작성, 피칭 자료 준비, 트레일러 컨셉 구상, 번역가 섭외, 미팅 제안 이메일 작성까지 모든 것을 직접 해야 한다. 정신은 없었지만, 그 모든 걸 스스로 해낸다는 사실에 묘한 뿌듯함이 있었다.

L.A에서 피칭하기로 한 작품은 아직 대본이 완성되지 않은 기획 단계였다. 완성작 판권을 팔러 온 다른 글로벌 팀들과는 우리는 출발선부터 달랐다. 협상의 여지도, 반응도 제한

적이었다. 하지만 처음부터 목표는 결과보다는 도전이었다. 기획자로서 내가 어디까지 갈 수 있는지를 시험해 보는 시간, 실패에도 굴하지 않고 다음을 준비하는 시간이 되길 바라며. 다른 사람이 보기에는 아직 실체가 없는 기획안을 들고, 나는 가능성을 설파하며 투자와 협업을 제안했다. 상대 입장에서는 '무엇을 믿고? 정말 잘될 수 있을까?'라는 회의적인 반응이 당연했다. 그 상황에서 내가 할 수 있는 일은 단 하나. 상대가 관심 있는 장르와 포맷이 무엇인지 묻고, 그에 맞는 기획안을 제시하는 것이었다. 초조함과 무력감이 번갈아 밀려왔다.

그렇게 3일간의 L.A. 출장은 큰 소득 없이 끝났다. 이후 여러 나라를 거치는 긴 출장이 시작됐다. 그러다 한 미국 제작사와의 줌 미팅으로 전환점을 맞았다. 그들은 우리가 보유한 한국 웹툰 원작 중 한 작품에 흥미를 보였고, 나는 준비해 둔 애니메이션 개발 방향, 새로 추가한 세계관을 포함한 드라마 소개서와 파일럿 트리트먼트를 곧바로 전달했다. 이때 소개한 원작의 세계관은 몇 년 전 내가 개발했던 오리지널 아이템이었다. 스스로 봐도 꽤 설득력이 있었다.

다음 단계는 작가와의 협업이다. 그러나 최근에는 단편 하나만 있어도 빠르게 계약되는 작가가 많고, 집필료 등 개발비용도 만만치 않아서 기회가 확실하지 않으면 섣불리 제안을 건네기조차 어렵다. 신생 회사일수록 기획자가 먼저 판을 짜고 실행 환경까지 만들어야 한다. 나는 '내 것'과 '원작 것'을 따지기보다, 원작의 강점을 극대화할 방법을 끝없이 실험하고 제안했다. 함께하기 좋은 설계도를 먼저 펼쳐두면, 누구든 그 판에 오르기 더 쉬울 테니까.

그리고 금요일, 대만 출장 중 주요 미팅을 앞둔 순간. 미국 제작사로부터 답장이 도착했다.

"We love what you have done(당신이 보내준 기획 아주 마음에 들어요)."

오랫동안 준비해 온 모든 시간과 노력을 보상받는 느낌이었다. 그들은 자료를 매우 인상 깊게 읽었다며, CEO까지 참조해 미국 내 네트워크 및 스트리머에 본격적인 피칭할 계획이라고 했다.

기획자로서 느끼는 가장 큰 보람은 이런 순간이다. 내가 먼저 재미를 느낀 원작의 가능성에, 다른 누군가가 동조해 줄 때. 오랜 시간 동안 되새기고 지워가며 다듬었던 생각들이 타인에게도 의미 있게 받아들여질 때. 단순한 직업적 성취를 넘어, 내 감각과 직관이 타인과 맞닿는 순간이었다.

오래 기억될 첫 실패

칸 영화제는 영화인의 축제다. 드라마를 만드는 나는 늘 그 풍경의 바깥에 있었다. 개인 배지를 받기 위해 이력서를 내고 심사를 거쳐야 하는 이곳에서, 내 목적은 '칸 마켓'에 참가한 전 세계 제작자들과의 미팅을 통해 하지의 작품을 소개하는 것이었다.

칸에 도착하자마자 오전과 오후는 마켓 미팅으로, 저녁엔 미국 회사와의 줌 미팅으로 가득 찼다. 현지에서 만난 스위스 음악가, 프랑스 다큐 감독, 파리에 기반을 둔 애니메이션 연출가 등 다양한 파트너 후보들과의 약속도 출장 전부터 계획되어 있었다.

잠과 싸우고, 언어와 싸우고, 아직 존재하지 않는 작품의 '가능성'으로 설득하는 싸움을 벌이는 시간이었다. 상대방에게 신뢰를 주기 위해 실수 없이 응대해야 한다는 부담감. 칸에서의 5일은 정신적으로도 체력적으로도 꽉 찬 일정이었다.

　파리에 도착해서야 간신히 시차에 적응됐지만, 그 여유도 잠시였다. 몽마르트르 언덕 아래 숙소에 짐을 풀고, 새벽 사크레쾨르 성당에서 도시 전경을 바라보며 새로운 출발을 그려보았던 그날, 호텔 베드버그에게 물린 자국이 목과 팔, 다리에 퍼지기 시작했다. 상처는 붓고, 간지러움은 심해졌다. 전염성이 있을지 모르니 함께하기로 했던 프랑스 에이전시에 미팅 연기를 요청했고, 나는 옷을 세탁하고, 트렁크를 소독하고, 숙소를 살균하는 데 하루를 보냈다.

　몸은 지쳐 있었고, 머릿속은 계약서 문제로 복잡했다. 원작 계약은 마무리됐지만, 공동제작을 위한 부속 합의서 작성은 에이전시의 일정 문제로 미뤄진 상태였다. 칸 영화제가 끝난 뒤에야 조건 조율이 다시 시작됐다.

　에이전시는 원작이 웹툰 형식이라 매력적이지만 정리하기 어렵다며, 내가 미리 작성해 두었던 시놉시스와 트리트먼트 파일들을 요청했다. 문제는 그다음부터였다. 내가 공유한 시놉시스의 한 문장을 계기로, 에이전트는 세계관을 새로 정리하고 주인공 설정까지 각색 아이디어를 내놓았다. 그러고는 자신이 실질적인 '창작 기여'를 했으니 크레딧을 표기해 달라고 요구하기 시작했다.

여기서 멈추지 않았다. 미국 제작사와 연결된 한 감독이 흥미를 보이자, 에이전시는 "내가 정리한 시놉시스가 결정적 역할을 했다"는 이유를 들어, 앞으로 모든 해외 커뮤니케이션과 자료 정리에 대한 권한을 자신이 가져야 한다는 조건을 추가로 제시했다.

처음에는 '첫 시도이니 경험 삼아 겪어보자'는 마음으로 받아들였다. 그러나 점점 에이전시의 요구는 단순한 협력 범위를 넘어섰다. 사실 우리는 이제 막 부속 합의서를 통해 '함께 해보자'는 첫걸음을 내디딘 단계에 불과했다. 그런 상황에서, 상대의 자료에서 영감을 얻어 일부 비틀어 만든 시놉시스를 근거로 크레딧을 주장하는 일은 제작자나 창작자의 입장에서 쉽게 받아들이기 어려웠다.

상대가 무엇을 만들었고, 그 과정을 통해 무엇을 말하고자 했는지를 알게 되면서 신뢰가 생긴다. 이미 만들어진 결과는 언뜻 단순하고 쉬워 보여도, 그 안에 담긴 선택과 집중은 타인에게도 방향을 제시하는 힘이 있다. 그런 점에서 경력은 단순한 이력이 아니라 신뢰의 근거다.

그 에이전트가 실력자일 수 있다는 가능성을 부정하진 않는다. 하지만 그 짧은 시간, 잦은 조건 변경과 말 바꾸기를 보며, 나는 확신을 가질 수 없었다. 결국 해당 에이전시와의 부속합의는 진행하지 않기로 결정했다.

속상했다. 함께 잘해보자는 순수한 의도는 수포로 돌아갔다. 나의 아쉬움을 전하자, 에이전트는 담담하게 말했다. "괜찮아. 내가 정리한 새로운 시놉시스로 다른 영화를 만들면돼." 그제야 나는 깨달았다. 함께 할 '일'이 아니라, 함께 할 '사람'을 잘못 선택했다는 것. 모든 관계는 상대적이다. 사람은 좋을 수 있지만, 일을 함께할 수 있는 사람인가는 전혀 다른이야기다.

언어를 뛰어넘는 작품의 세계

최근 몇 년 사이, '한국형 스토리텔링'에 대한 해외의 관심이 확연히 달라졌다. 인도네시아, 프랑스, 싱가포르 등 여러 국가의 공공기관과 제작사, 작가 연합회에서 IP 개발과 스크립트 어댑테이션script adaptation 워크숍• 제안이 이어졌다. 모두 '에피소드 중심 드라마를 어떻게 기획하고, 완성도 높은 스토

• 한 국가의 원작 IP나 컨셉을 바탕으로 다른 문화권에 맞게 재해석하고 각색하는 과정을 함께 설계하고 실습하는 프로그램이다.

리로 끌고 가는가'를 배우고 싶어서였다.

현장에서 깨달은 건 분명했다. 기회가 없었을 뿐, 어디에나 재능 있는 창작자들은 존재한다. 언어의 장벽 때문에 놓쳤던 원석 같은 이야기들도 있었다. 하지만 많은 프로젝트가 강력한 주인공 중심의 서사 구조 없이 아이디어나 컨셉 중심에 머물러 있었다. 내 역할은 그런 아쉬움을 보완해 주는 것이었다. 이야기가 좀 더 명확한 감정선과 플롯을 가질 수 있도록 객관적이고 전문적인 피드백을 주었다. 재미를 아는 사람들끼리는 언어의 차이도 걸림돌이 되지 않는다. 기획은 '이런 일을 함께하고 싶다'는 신호를 세상에 보내는 일이며, 그 신호에 응답할 사람을 찾는 행위이기도 하니까.

얼마 전, 대만 콘텐츠진흥원TAICCA과의 협약으로 워크숍을 진행하게 되었다. 단순한 피드백이 필요한 자리가 아니었다. 영어로 작성된 각 프로젝트의 트리트먼트를 숙지하고, 작품의 세계관과 인물 구조를 분석해 대안을 제안해야 했기에, 지식과 상상력을 총동원해야 했다. 대만의 작가와 감독, 제작사들이 준비한 이야기들을 하나하나 검토하며, 함께 대본을 개발해 보고 싶은 아이템을 추렸다. 상상 이상의 흥미로운 이야기들이 많아 내 안의 창작 본능에 불이 붙었다. 이후 감사하게도 두 번째 워크숍 계약도 성사됐다. 이렇듯 창작은 누군가를 만나고, 아이디어를 나누며, 함께 이야기를 만들어가는 데서 시작된다.

기획 단계는 언제나 불확실하다. 아무리 멋진 아이디어도 대본과 캐스팅, 편성이 결정되기 전까지는 실체가 없다. 누군가는 묻는다. "그건 정말 제작까지 갈 수 있는 이야기인가요?"

그 답은 알 수 없지만 시작점은 분명하다. 기획의 시작은 사람을 만나는 것이다. 계획을 알리고, 기회를 만들고, 함께할 사람을 찾는 과정에서 프로젝트가 움직인다. 스토리텔링이라는 공통 언어를 매개로 원작과 크리에이터가 서로의 서사와 감정에 공감하는 순간, 여기에 나의 경험과 전문성이 더해질 때, 가능성이 있는 새로운 공동 IP가 탄생할 수 있다.

문화 교류는 거창한 단어가 아니다. 함께 웃고, 같은 장면에 몰입하고, 서로의 상상에 귀를 기울이는 일에서 시작된다. 결과도 중요하지만, 그 과정이 '이야기를 함께 만들고자 하는 사람들'과의 신뢰로 채워질 때, 그 이야기는 언어의 장벽을 넘어선다.

디벨롭퍼에서 IP 창작까지

기획 프로듀서는 주로 다른 사람이 쓴 글을 읽고 평가한다. 그런데 직접 글을 써본다면 전혀 다른 시야가 열릴 것이다. 감정에 여러 레이어가 있음을, 행간의 의미를 깨닫는 사람만이 작가와 더 섬세한 논의가 가능하다는 것을 알게 된다.

내가 '웰다잉'을 주제로 직접 쓴 대본이 방송사 공모전에 당선된 적이 있다. 방송까지 이어지진 못했지만, 누군가의 평가를 받는 자리에 서게 된 것이다. 평생 평가자였던 내가 심사위원들의 코멘트를 기다리는 입장이 되어 본 것이다. 결과적으로는 '기획 의도가 좋다'는 평을 들었고, 호스피스 전문 교수님과 관련 주제로 책을 내게 되어 본 것이다. 작은 성과였지만 그 과정에서 기획자로서의 내 시야가 한층 확장되는 걸 느꼈다.

글쓰기의 중요성은 해외 협업 과정에서도 느낄 수 있었다. K-스토리텔링에 관심을 가진 여러 해외 프로듀서들이 회사를 방문했을 때, AMC의 프로듀서가 내 다섯 페이지짜리 기획안에 눈길을 주었다. 수십 개의 기획안 중 그 한 편이 선택되어 공동개발로 이어졌다. 언어도, 사고방식도 전혀 다른 파트너였지만, 재미와 감동은 결국 국적을 초월한 '공감 가능한 서사'에서 비롯되는 것임을 깨달았다. 그 경험이 나를 누르고 있던 두려움을 걷었다.

나는 단순히 기존의 것을 개발하는 '디벨롭퍼'에 머물고 싶지 않다. 외부 환경과 제작 조건은 얼마나 급변하는가. 이제는 오리지널 IP를 직접 만들어내는 사람, 세계관의 뼈대를 설계하고 캐릭터와 서사를 집요하게 밀어붙이며 때로는 직접 써내는 사람이 되고 싶다. 나는 그걸 '프로듀서형 쇼러너'라고 부른다. 해외에서는 이미 그런 역할이 인정받기 시작했고, 크레딧 속 내 이름이 프로젝트의 핵심으로 작용하는 순간도 늘고 있다.

앞으로의 바람은 단순하다. 외부 환경이나 조건에 흔들리지 않고 중심을 잃지 않는 힘. 그리고 나의 경력과 성과 자체가 브랜드가 되어 더 많은 창작자들이 자신만의 언어를 펼칠 수 있는 환경을 함께 만드는 것. 그것이 내가 내일의 나에게 기대하는 가장 솔직한 소망이다.

6

다시,
이야기
속으로

창작 중독

방송국에 경력직으로 입사한 직후였다. 매일 같이 정신없이 이어지는 기획 회의와 대본 수정, 수많은 피드백 사이에서 나는 늘 다음 씬과 대사를 상상하며 살고 있었다. 그러던 어느 날, 퇴근 후 여의도에서 치맥을 즐기는 사람들을 바라보던 나에게 어떤 질문이 밀려들었다. '작품 생각을 멈췄을 때 난 누구지?' 무언가를 떠올리지 않고, 주제 없는 대화에 웃고 떠드는 시간이 나에겐 낯설고 막막하게 느껴졌다.

세상의 보고 듣고 읽는 모든 것이 모두 생각거리가 된다. 그래서 말이 없는 순간에도 머릿속은 늘 시끌벅적하다. 작품을 시작하면 등장인물 하나하나의 말투, 행동, 침묵 속에 숨은 이유까지 따라가게 된다. 겉으로 드러나는 감정뿐 아니라 그 감정이 어디에서 비롯됐는지, 왜 그렇게밖에 말할 수 없는지를 스스로 납득해야 하기 때문이다. 지문 한 줄, 대사 하나를 통해 그것이 제대로 전달되려면 생각을 멈출 수 없다.

한편으로는 이것이 프로듀서의 숙명이기도 하다. 프로듀서는 누구보다 이야기를 깊이 이해하고, 창작자들을 설득하며, 기획에서 제작 전 과정에 이르기까지 감정의 온도와 완성도를 조율하는 감각의 조타수가 되어야 하니까.

하나의 프로젝트가 기획되면, 작가와의 회의는 물론이고, 다양한 작품 레퍼런스를 조사하고 분석한 후 서사의 방향성과 인물의 설계를 돕는 제안을 준비해야 한다. 동시에 여러 기획을 진행하기 때문에 머릿속엔 수십 개의 세계가 공존하고, 휴식은 사실상 '다른 이야기로 전환하는 시간'일 뿐이다.

전시를 보거나 게임을 하고, 음악을 듣는 일도 결국 다시 서사, 그러니까 일로 귀결된다. 새로운 걸 접했다면 그것은 언젠가 어떤 캐릭터의 심리에, 어떤 장면의 리듬에 닿을 영감의 조각이 된다. 그렇게 나는 창작이라는 중독과도 같은 에너지 회로에 갇혀 살아간다.

생사의 기로를 넘나들던 프로젝트가 세상에 공개되고, 대중의 평가가 지나가고, 모든 스태프가 각자의 일상으로 돌아간 뒤에도 마찬가지다. 텅 빈 방에 홀로 남겨진 것 같은 고요가 찾아오기는 한다. 그러나 연출이나 작가가 긴 휴가를 계획하는 동안, 나는 짧게 숨을 고르고 곧장 또 다른 미완의 기획 속으로 뛰어든다. 나에게 휴식은 완전한 쉼이라기보다, 다른 세계로 잠시 방향을 트는 시간에 가깝다.

그러다 '멈춤'의 필요성을 느낀 건 최근 내 삶을 크게 흔든 한 가지 변화 때문이다. 얼마 전 어머니가 알츠하이머 판정을 받으셨다. 엄마가 기억을 잃어가기 전 함께 떠난 여행에서 이렇게 말했다. "넌 늘 옆에 있어도, 다른 데 있는 것 같아." 그 말이 지금도 마음 한 구석을 아프게 누른다. 나의 편향된 집중 때문에 나와 가까운 사람들을 외롭게 만들었다는 사실을 부정할 수 없다. 기획 프로듀서로 살아오면서, 드라마 인물에 대해서는 감정선까지 훤히 꿰뚫어 알면서도 소중한 내 가족과 주절대는 대화가 부족했던 것을 반성하고 있다. 소홀했던 것들을 돌보아야겠다고 생각하는 요즘이다.

  늘 무언가를 채우지 않으면 불안해하는 나를 위해 요즘 의식적으로 시도해 보는 일이 하나 있다. 바로 빈둥거리기다. 모순적이게도 나에게 '아무것도 안 하기'는 연습해야 가능한 일이다. 오래도록 머릿속을 가득 채워온 창작의 중독에서 잠시 벗어나, 생각의 틈을 만들고자 애쓰고 있다. 현재와 미래에 쫓기지 않고, 감정을 비워내는 연습. 생각의 끈을 끊어내고, 흘러가도록 두는 훈련. 그렇게 텅 빈 자리에야 비로소 또 다른 무언가가 들어올 수 있다고 믿기 때문이다.

  또 다른 이유도 있다. 기획이란 일이 결코 경력만으로 해낼 수 있는 일이 아니기 때문이다. 경력은 때때로 기회가 되지만, 그 기회가 반복되리라는 보장은 없다. 그러니 매번 새로운 마음으로, 새로운 기획을 시작하고 싶은 마음이 강하다.

  그래서 나는 요즘, 멈추어서 사람을 보고 말하고 듣는다. 그 틈으로 일부러 차단하고 무시해 왔던 생활의 작은 갈등들이 다시 스며든다. 섬세하지 못했던 관계와 일들에 다시금 천천히 눈이 간다. 그동안 '생각'이 나를 얼마나 가로막고 있었는지를 새삼 깨닫는다. 여전히 곁을 지켜주는 친구들과 가족이 느끼는 감정들을 외면하지 않겠다고 다짐하며, 어떤 감정이 밀려들 때 외면하지 않고, 그 감정을 달래주는 음악을 듣고, 감정을 쏟아낼 수 있는 영화를 본다.

설령 모든 노력이 어떤 결실로 이어지지 않더라도, 나는 아무것도 하지 않는 시간을 내 편으로 두려고 한다. '빈둥거릴 수 있는 능력', 그것이 오랜 창작자의 체력이니까. 빈둥거리며 생각과 마음을 비워낸 내가, 또 다른 문화적 흐름과 변화를 자연스레 받아들일 수 있기를. 생각만은 부디 늘 새롭고 싱싱하기를. 그 기운을 안으로 들이고, 다시 창작의 근육을 움직이길 바란다.

사각지대를 비추는
기획자의 시선

요즘엔 픽션보다 논픽션에 관심이 간다. 역사와 사회의 딜레마나 부조리함과 모순 속에 있는 인간이 궁금하기 때문이다.

특히 다양한 인종과 문화, 시대가 겹쳐 있는 사회를 배경으로 한 해외 논픽션은 한 인간의 고통이 단지 개인의 문제가 아니라 사회 전체의 균열과 맞닿아 있다는 점에서 더 다이내믹하다.

아직 우리가 듣지 못한 이면의 이야기, 다수가 외면하거나 너무 익숙해져서 문제로 인식되지 않는 감정의 맹점들. 예를 들면 청소년 보호 시스템 안에서 미처 구조받지 못하는 아이들. 겉보기엔 로맨스지만, 타인의 감정을 조종하면서 사랑을 은밀한 권력의 수단으로 이용하는 사람들. 또는 누군가에겐 단지 '살기 위한 몸부림'이 누군가에겐 '도덕적 일탈'로 보이는, 그 이중 잣대 속에서 생존의 윤리와 정서적 정의라든가, 가족이라는 이름 아래 침묵을 강요당하는 일상의 폭력, 혹은 '심리적 치유'라는 이름으로 유통되는 무책임한 조작들….

이런 사각지대에 빛을 비추는 일이야말로, 지금 내가 가진 위치에서 해야 할 일이라고 믿는다. 기획자의 시선은 언제나 중심이 아닌, 빈틈을 찾는 데서 출발해야 한다. 중심은 늘 누군가의 목소리로 채워지기 마련이다. 그 목소리에 눌려 전해지지 못한 생각, 외면당한 아이디어, 스쳐 지나간 시선 같은 조용한 틈에서 이야기는 시작된다. 그래서 크게 주목하지 않았던 인물, 끝까지 들어주지 않았던 감정, 익숙함 속에 잊혀진 질문 같은 것들이 나에게는 가장 강력한 이야기의 씨앗이 된다.

모두가 '잘 팔리는 이야기'만을 쫓을 때, 나는 '아직 보이지 않는 이야기의 가능성'에 먼저 도달하려 한다. 보이지 않는 감정에 서사를 부여하고, 꺼내지 못한 진심을 이야기라는 무

대로 이끌어내는 일. 그것이야말로 기획자의 선택이자 책임
이라고 생각한다.

　'괜찮은 기획'이란 결국, 보이지 않는 것을 '존재'하게 만들
고, 누구도 보지 않지만 분명 존재하는 감정을 끝까지 밀어붙
이는 기획이라고 나는 정의하고 싶다.
　배경은 달라도, 인간의 본능적 갈등과 윤리적 질문은 늘 보
편성을 지닌다. 그런 질문을 함께 던질 수 있다면, 아직 다뤄
지지 않았지만 반드시 다뤄져야 할 이야기들을 '기획'이라는
렌즈를 통해 사회에 건넬 수 있다고 믿는다.

편안한 공간을 내어주는 동료

그동안 내가 생각한 협업이란 각자의 역할을 나누고 서로 침범하지 않는 것이었다. 그래서 내가 던진 아이디어를 밀어붙이다가도, 결국 선택은 작가와 감독의 몫이라고 생각해 나는 늘 마지막에는 한 발 물러섰다. 이것이 이상적인 협업 방식이라 믿었다. 그러나 좋은 협업이라고 느꼈던 순간은 그런 것과는 거리가 있었다. 특히 건축가 페터 춤토르^{Peter Zumthor}의 인터뷰를 읽고 난 후부터는 확신이 들었다.

"저는 집중할 수 있어야 합니다. 여기서는 집중할 수 있어요. 제 동료들과 함께 집중할 수 있죠. 그들이 곁에 있다는 게 좋습니다. 제가 그들에게 가까이 갈 수 있고, 또 밖의 다른 곳으로 갈 수 있는 것도 좋습니다."

처음엔 그냥 작업 공간에 대한 이야기인 줄 알았다. 그런데 그게 아니었다. 함께 있으면서도 언제든 혼자만의 시간에 잠길 수 있는 자유, 그러다 다시 자연스레 대화를 이어갈 수 있는 신뢰에 기반한 관계. 때로는 같은 책상 위에 놓인 한 장의 대본을 두고, 서로 말없이 메모를 고쳐가며, 같은 자리에 오래 머무를 수 있어야 했다. 같은 열정으로 집중하면서도, 서로에게 편안함을 줄 수 있는 사람. 진짜 동료 간에는 '온도'가 중요한 것 같다고 생각했다.

돌이켜보니 나는 너무 '집중'만 하느라 함께 일하는 사람들을 편안하게 해주는 데는 서툴렀던 것 같다. 회의가 끝나면 다음 일을 생각하거나, 마주 보고 식사하는 자리에서도 일 얘기로 채우거나, 일에 매몰되어 관계를 돌보지 못했다.

이제는 달라져 보려 한다. 누군가의 생각을 설득하려 애쓰기보다는 나와 다른 의견들이 자유롭게 교류되고, 그것이 다른 가능성으로 번져가는 것을 지켜보고 싶다. 혼자 정답을 찾으려 애쓰는 것이 아닌, 함께 찾아가는 시간이 될 수 있도록. '함께'라는 말이 부담이 아닌 안식이 되는 관계. 그런 동료들과 오래오래 일할 수 있다면 좋겠다.

이 시대의 결핍

이제 누구나 콘텐츠를 만들 수 있는 시대다. 1인 창작자, 스마트폰, 숏폼, OTT… 수많은 영상이 쏟아진다. 그럴수록 나는 자문하게 된다. 무엇을 만들어야 하는가?

손 안에서 모든 것이 가능한 시대에 유일한 결핍은 '감정적 체험'이 아닐까 싶다. 스토리를 통해 한 사람의 인생을 경험하게 하는 것 말이다.

내가 프로듀서로 참여했던 한 작품의 편집실에서 있었던

일이다. 화면에는 어린 시절의 기억을 떠올리며 눈물을 터뜨리는 등장인물을 바라보는 상대역의 눈빛이 담겼다. 그 장면의 짧은 침묵은 스태프들을 멈추게 만들었다. 그 장면을 보는 순간, 나조차도 알지 못했던 내 안의 감정이 건드려졌다. '이해받는 느낌'이라는 게 이런 거구나.

우리가 살면서 이해하고 경험할 수 있는 감각과 감정은 생각보다 많지 않다. 그렇기 때문에 그런 감정을 자극하고 감동시키는 기획을, 이야기를, 인물을 찾아내는 것이 중요하다. 그래서 그것을 본 사람들이 자기 안의 결핍을 깨닫고, 지금껏 해보지 못한 어떤 행동을 시도해 보게 하는 것. 그 시선을 찾기 위해 나는 꾸준히 관찰하고, 읽고, 질문한다. 삶을 바라보고, 사람을 이해하고, 감정의 결을 들여다본다.

그 진짜 감정의 체험만큼은 기술도, 알고리즘도 대신할 수 없다. 결핍의 정의를 잃어가고, 개별적인 결핍이 무엇인지 모른 채 시시각각 불안과 우울 속에 살아가는 이 시대에 콘텐츠 기획자가 해야 할 일이라고 생각한다.

'살아 꿈틀거리는 뜨거운 인간의 이야기를 통한 드라마의 문학적 가치를 복원한다.' 회사를 차리고 박경수 작가와 앞으로 만들 작품에 대한 방향성을 이와 같이 정했다.

하지夏至는 1년 중 해가 가장 긴 날. 박경수 작가는 냉소와 우울에 자주 잠기는 나에게 '낮의 빛이 오래 머무는 날이 많기를' 바라며 이 이름을 지어주었다. 우리의 드라마가 누군가에겐 정오의 햇살처럼 삶을 비추는 위로가 되기를 바라는 마음도 함께 담아서.

얼마 전 한 감독이 이런 말을 했다. "요즘은 현실보다 판타지가 더 끌려. 내 삶에 딱히 불만이 없어서." 그 말에 부러움을 느꼈다. 실력도 검증되었고, 관계도 기회도 안정된 누군가의 자신감. '나도 언젠가 저런 마음으로 이야기할 수 있을까?' 하고 잠시 생각했다.

하지만 대부분의 사람들은 그렇게 살지 못한다. 프리랜서, 월급쟁이, 기획자, 창작자 모두 주말도 없이 바쁘고 허덕이는 하루하루를 버틴다. 겉으론 멀쩡해 보여도 누구에게도 말 못 할 아픔과 고독이 있고 누구나 말 못 할 과거와 해결되지 않은 감정의 흔적을 안고 살아간다.

우리가 살고 있는 주변이 화려해 보이고, 다들 나보다 더 행복해 보여도, 들여다보면 각자의 아픔이 있고 상처가 있다.

드라마 만드는 사람

최근 드라마 제작 당시, 한 스태프는 촬영이 끝나면 병든 가족을 간호하러 병원으로 달려가야 했다. 늘 밝고 당당한 역할이었지만, 그는 누구보다 조용히 삶의 무게를 감당하고 있었다. 카메라 밖의 현실을 마주할 때마다, 우리는 서로의 아픔을 감지하고 보듬는 동료로서 존재할 수 있었다.

인생이란 것이 누구에게나 그러함을 믿어야만 버티고 살아낼 수 있기도 하다. 누구에게도 말 못 할 상처나 스스로 지은 잘못들로 누구의 도움을 요청할 수 없는 고독함에 빠진 사람들과 감정과 생각의 지옥이 있기 마련이다.

창작은 결핍에서 나온다고 했다. 가진 게 부족하고, 늘 남을 부러워하는 사람들에게 이보다 더 위로가 되는 말이 있을까. 결핍이 오히려 힘이 되고 무기가 된다.

물론 풍요로운 환경에서 훌륭한 작업을 해내는 창작자들도 있다. 하지만 나는 현실에 대한 분노와 욕망에서 출발한 이야기에서 더 큰 진심을 느낀다. 결핍이 있기에, 만족할 수 없기에, 현실과 맞닿은 이야기가 만들어진다고 믿는다. 그리고 그 이야기는 시청자의 마음에 더 깊이 다가간다.

그래서 불확실한 오늘을 무겁게만 받아들이지 않으려 한

다. 우울함을 밀어내기보다 차분히 들여다보며, 그 감정이 어디서 비롯됐는지 살펴본다. 그러다 보면 나의 감정이 특별한 게 아니라는 걸 알게 된다. 누구나 겪는 감정임을 믿으며, 여기에 내가 쌓아온 경험을 보탠다. 그렇게 해서 살아 꿈틀거리는 인간의 모습, 공감되는 삶의 무게를 담아내려 한다.

앞으로 내가 만들어갈 드라마 속 인물들도 그럴 것이다. 감당할 수 없는 고민과 좌절된 욕망 속에서도 꺾이지 않고 살아가는 이야기. 그런 이야기를 하고 싶다.

그리고 그 이야기를 함께 빚어낼 동료 창작자들을 만나고 싶다. 이름이 브랜드가 된 유명 창작자들보다, 아직 자신의 세계를 증명할 기회가 필요한 이들과 협업하고 싶다. 내 경험이 그들에게 도움이 된다면 더할 나위 없겠다.

컬러풀 점퍼

'사전 보기'는 취미 중 하나다. 하나의 단어에 담긴 여러 의미를 넘기다 보면, 익숙했던 단어 속에서도 낯선 정의를 마주하게 된다.

어느 날 'jumper'라는 단어를 훑다가 '전기 회로를 연결하는 도구', 즉 동력차 두 대 이상을 하나의 흐름으로 묶는 연결 장치라는 뜻을 발견했다. 그 설명을 읽는 순간 생각했다. '이건 내가 하는 일과 닮았다.'

크리에이터의 머릿속에 떠도는 추상적인 관념을 구체적인 캐릭터, 이야기, 그리고 장면으로 구현해 내는 일. 작가와 연출자 사이의 어긋난 체온을 맞춰주고, 서로 다른 시선 속 숨은 의도를 발견해 연결하는 일. 무채색 기획서의 문장들 속에 감정과 결을 불어넣어, 마침내 누군가의 마음에 닿는 이야기로 살아나게 하는 일. 그 모든 과정을 나는 '연결'이라고 부른다. 그래서 나는 나의 역할을 컬러풀 점퍼Colorful Jumper라고 부르기로 했다. 각기 다른 색의 상상력을 연결해, 하나의 이야기로 동력을 만들어내는 사람.

지금도 내 안에는 어릴 적 기억, 누군가의 말, 오래전의 한 장면, 그리고 아직 쓰지 못한 수많은 미완의 이미지들이 떠다니고 있다. 그것들을 끝까지 붙잡고 싶다는 집념이 쉽게 지치지 않게 해주는 연료가 되어 준다.

기획자에게는 엉뚱한 상상을 끝까지 놓지 않아야 하고, 오랜 시간 잡식성으로 축적된 상상력과 감각을 정제하고 조율할 수 있는 내공이 필요하다. 나는 그 실력을 매일 조금씩 쌓아가며, 오늘도 기꺼이 상상의 회로 속으로 뛰어든다.

나는 이야기의 가능성을 연결하는 사람이다. 그리고 앞

드라마 만드는 사람

으로도, 아직 태어나지 않은 이야기들을 만나기 위해 누군가의 마음을 연결할 수 있는 다음 장면을 향해 계속 움직일 것이다.

에필로그

후배 프로듀서에게 전하는 마음

요즘 나는 짧아진 집중력을 회복하기 위해 소리 내어 책을 읽는다. 생각보다 꽤 도움이 된다. 무심코 손에 쥐던 휴대폰을 내려놓는 시간이 늘어났고, 활자의 리듬이 흐트러진 마음을 천천히 되돌려준다.

그리고 매일 오전 11시 11분, 밤 11시 11분(특별한 이유는 없다. 그냥 '1'이라는 숫자가 좋아서다). 알람이 울리면 하던 일을 잠시 멈추고, 아무 말도, 아무 생각도 하지 않고 가만히 눈을 감는다. 짧지만 그 10분이 쌓여서 하루를 다르게 만든다.

드라마 만드는 사람

요즘 내가 자주 붙잡는 생각은 이런 것들이다. '단순히 판단하는 사람이 아니라, 누군가에게 기회를 주고, 더 나은 방향으로 이끄는 사람이 되려면 나는 어떤 프로듀서가 되어야 할까?' 작은 회사지만 좋은 사람들과 의미 있는 프로젝트를 만들어낼 수 있는 건강한 플랫폼이 되려면 무엇부터 바꿔야 할까?

또 하나 자주 되새기는 다짐은 이렇다. '아무리 내가 옳다고 느끼는 말일지라도, 타인의 감정과 타이밍을 강요하지 말자.' 사람마다 살아온 시간과 결은 다르니까. 예민한 크리에이터들, 소중한 사람들과 관계를 이어오며 나는 그 다름을 존중하는 법을 조금씩 배우고 있다.

언젠가 한 회의 중 감정이 격해지던 순간, 알람이 울렸다. 잠시 자리를 떠 조용히 호흡을 정리하고 돌아와서, 나는 이렇게 말했다. "우리가 하고 싶은 말이 아니라, 시청자가 듣고 싶은 이야기부터 다시 정리해 봅시다." 그 한마디가 회의의 공기를 바꿔놓았다.

그런 식으로 매일 조금씩 나를 가라앉히는 시간을 가지다 보면 복잡한 감정들이 서서히 투명해진다. 흔들림 속에서 무언가 진심으로 하고 싶은 일이 불쑥 떠오를 때, 그 설렘은 언제나 더 크고 깊다.

  '성장'은 나이와 무관하다. 늦었다고 주눅 들지 않으려 한
다. 누구보다 오래 걸리더라도, 누구보다 내 방식으로 도착하
고 싶다. 어떤 일이든 쉽게 완성된다면 그게 더 이상한 일 아
닐까. 과정이 버겁고 고달픈 건 당연하다. 그래서일수록 툴
툴거리며 주저앉지 않으려 애쓴다. 용기를 내어 앞으로 가다
보면, 어느새 '나답게' 만들어진 나를 마주하게 될지도 모르
니까.

  아직 미완의 콘텐츠를 보고 누군가 웃을 수도 있고, 또 누
군가는 응원할 수도 있다. 그 반응이 무엇이든 중요하지 않
다. 그저 '처음 마음이 향하던 곳까지 가보는 일', 그것이 내 몫
의 성실이고, 기획자의 태도다.

  속도가 나지 않으면 멈춰도 괜찮다. 숨 고르며 다시 가면
된다. 누가 내 손을 잡아주든, 함께 걷던 이가 떠나 혼자가 되
든, 결국 끝까지 버틸 수 있게 만드는 건 스스로 덜 부끄럽게
애쓴 시간이라는 걸, 나는 믿는다.

  프로듀서라는 길을 걷고자 하는 후배들을 만나면 나는 늘

드라마 만드는 사람

묻는다. "이 어려운 걸, 왜 하려는 거야?"

그 질문은 농담 같지만, 사실은 깊은 확인이다. 창작의 고통 속에서도 여전히 이 일을 하고 싶다면, 누군가의 이야기를 위해 시간을 빼앗기고 마음을 흔들리게 하는 걸 견딜 수 있다면, 그건 당신이 이 일을 운명처럼 받아들인 사람이라는 뜻이다.

어떤 이는 결국 작가가 되고, 어떤 이는 연출로 방향을 틀기도 한다. 하지만 그 시작이 '프로듀서'였던 시간은 결코 헛되지 않는다. 현장을 조율하고, 스태프와 예산과 감정을 오가며 다양한 욕망과 창작의 불꽃을 가장 가까이서 목격한 사람만이 진짜 이야기가 어떻게 만들어지는지 안다. 프로듀서는 늘 참고 견디는 사람이다. 사람과 일의 틈에서 책임지는 자리. 어떤 작품은 그 책임감으로 인해 오랫동안 한 자리에 머물게도 한다.

몇 해 전, 동기였던 한 프로듀서의 작품이 해외 페스티벌에서 주목받았다는 소식을 들었다. 집에 돌아오는 길, 나는 그의 인터뷰를 반복해서 들었고, 그날 밤 묵묵히 하나의 피칭 문서를 완성했다. 그리고 이렇게 적었다.

"부러움이 밀려올 땐, 그 감정에 눌려 주저앉지 말 것. 그들의 관심사와 집중을 나의 배움의 확장으로 전환할 것."

질투와 부러움은 결국 '타인이 기준이 된 감정'이다. 그 기준에서 벗어나 나의 관심사로 시선을 되돌리면, 그 순간마저도 내 이야기를 단단하게 만드는 재료가 된다. 여유는 스스로에게서 먼저 시작되어야 한다. 자기 자신을 살피는 감각이 있어야 타인의 마음을 비로소 어루만질 수 있으니까.

후배뿐 아니라 친한 동료나 선배들과 만나도 이런 대화를 나눈 적이 있다. "이걸 꼭 내가 해야 할까? 더 젊고 감각 좋은 사람이 하면 더 낫지 않을까?"

새롭다는 이유로 쉽게 대체되는 서로의 무기력과 회의감이 엉켜, 이야기 줄거리보다 ' 지금 내가 진심인지 아닌지'를 먼저 점검해 보는 것이다. 그럴 때 친구가 말했다. "그래도 너는, 한번 꽂히면 못 놓잖아. 너는 만들고 싶은 장면이 생기면 어떻게든 버티더라" 그 말 한마디에, '내가 왜 이 프로젝트를 계속해야만 하는가'에 대한 답을 찾았다.

이 세상은 점점 더 속도를 요구하고, 효율을 숭배하지만 그럴수록 우리는 '자기 속도'를 지켜야 한다. 정방향으로, 정속도로 살아가려는 의지야말로 우리가 가진 가장 개인적인 재능이자 버텨낼 수 있는 근력이다. 그렇게 내가, 우리가, 우리의 이야기들이 조금씩 성장하고, 미숙하지만 단단하게 완성되어 가기를 바란다.

드라마 만드는 사람

1판 1쇄 인쇄 2025년 10월 17일
1판 1쇄 발행 2025년 10월 30일

지은이 송진선

발행인 양원석 **편집장** 차선화 **책임편집** 이슬기
디자인 조윤주, 김미선 **영업마케팅** 윤송, 김지현, 최현윤, 백승원, 유민경

펴낸 곳 ㈜알에이치코리아
주소 서울시 금천구 가산디지털2로 53, 20층(가산동, 한라시그마밸리)
편집문의 02-6443-8916 **도서문의** 02-6443-8800
홈페이지 http://rhk.co.kr
등록 2004년 1월 15일 제2-3726호

ISBN 978-89-255-7297-0 (03680)